Kurt Tepperwein
Felix Aeschbacher

AUF DER SUCHE NACH *Liebe*

Kurt Tepperwein
Felix Aeschbacher

Auf
der
Suche
nach
Liebe

Wahre Liebe finden

mvg

Die Deutsche Bibliothek – CIP-Einheitsaufnahme

Tepperwein, Kurt:
Auf der Suche nach Liebe : wahre Liebe finden und erhalten /
Kurt Tepperwein ; Felix Aeschbacher. – Landsberg
am Lech : – 2. Aufl. – mvg-verl., 1996
  (mvg-Paperbacks : 526)
  ISBN 3-478-08526-8
NE: Tepperwein, Kurt:; GT

2. Auflage 1996

Das Papier dieses Buches wird möglichst umweltschonend hergestellt. Es ist chlorfrei gebleicht.

Redaktion: Birgit Rupprecht-Stroell
Umschlaggestaltung: Gruber & König, Augsburg
Satz: Fotosatz H. Buck, Kumhausen
Druck- und Bindearbeiten: Presse-Druck Augsburg
Printed in Germany 080 526/896802
ISBN 3-478-08526-8

Inhalt

Kapitel IV
Fragen zur Liebe 101

Kapitel V

Vorwort

Warum haben Sie dieses Buch in der Hand? Wollen Sie mehr über die Liebe wissen, oder wollen Sie sich und damit Ihr Leben verändern? Sie halten die Antwort im wahrsten Sinn des Wortes in Ihrer Hand – dieses Buch, das Ihnen mindestens drei Möglichkeiten zur Auswahl läßt:

1. Sie können sich einfach nur über das Thema Liebe besser informieren, weil Sie sich dafür interessieren; Sie können sehen, ob Ihre Ansicht mit unserer Meinung übereinstimmt.

2. Sie können sich aber auch für unsere Worte öffnen, können die in diesem Buch enthaltenen Gedanken in Ihre Seele fließen lassen, ohne zu sehr mit dem Verstand zu arbeiten. Sie können sich vom Thema ergreifen lassen und mögen vielleicht erfahren, daß sich Ihnen dadurch neue Aspekte eröffnen.

3. Sie können sich durch das Studium dieses Buches einfach an sich selbst erinnern lassen, an Ihre Vorstellungen vom Leben, von der Liebe – Sie können sich an verborgene Träume und Wünsche erinnern, können sich selbst wiederfinden und werden sich möglicherweise dadurch neu orientieren.

Liebe – dieses Wort hat viele Bedeutungen und ist Ausdruck unterschiedlichster Emotionen. Es ist gar nicht möglich, alle Bereiche, die mit Liebe zu tun haben, in einem Buch zu erfassen. Wir wollen deshalb nur solche Aspekte berücksichtigen, die in der heutigen Zeit schnell zu Problemen werden können. Wir wollen uns aber nicht nur mit Problemen befassen, sondern den Schwerpunkt auf das Konstruktive legen.

Dieses Buch soll dazu beitragen, Ihnen neue Wege der Liebe zu eröffnen, Ihnen Möglichkeiten aufzeigen, Ihr Leben in Liebe zu gestalten. Das bedeutet: Loslassen alter Erfahrungen und Aufbau einer inneren Sicherheit, eines Selbst-Bewußtseins – die Basis für Liebe überhaupt. Schritt für Schritt lernen Sie sich selbst besser kennen; wissen dann genau, was Sie wollen, und können Ihre Gefühle zulassen. Wir zeigen Ihnen, wie Sie Ihre Emotionen kennenlernen, und wir wollen auch das Phänomen Liebe etwas analysieren.

Alle Erkenntnisse, die Sie über sich und Ihre Wünsche gewinnen, helfen Ihnen, Ihr Leben zu verändern und es nach Ihren Vorstellungen zu gestalten. Wir befassen uns mit der Liebe allgemein, mit der Liebe im täglichen Leben und einigen besonderen Fragen zum Thema Liebe.

Wir wünschen Ihnen, daß Sie finden, was Sie suchen, weil Sie es in sich tragen: die allumfassende Liebe.

Kapitel I
Liebe — was ist das?

Die Liebe allein versteht das Geheimnis,
andere zu beschenken und dabei selbst reich zu werden.
(Clemens Brentano)

Jeder Mensch besitzt von Natur aus die Fähigkeit zu lieben. Oftmals ist sie aber im Lauf der Zeit verlorengegangen oder wurde — aus Angst vor Enttäuschung — aufgrund negativer Erfahrungen auf ein Minimum reduziert. Nur wenige Menschen machen sich die Mühe, die eigene Liebesfähigkeit zu erkennen und zu fördern. Geistige und seelische Reife, Selbsterkenntnis und Mitgefühl sind untrennbar mit dem Gefühl der Liebe verbunden. Es lohnt sich, die Liebe in sich zu entdecken, denn nur von Ihrem innersten Kern aus kann sie zur allumfassenden Liebe — Liebe zum Leben, Liebe zu den Menschen — wachsen.

Was genau ist eigentlich dieses Gefühl, von dem soviel gesprochen wird, mit dem sich so viele Hoffnungen verbinden, bei dem Freude und Leid so nahe beieinander liegen? Das so viel verändern kann? Fragen Sie zehn Menschen, was sie unter Liebe verstehen, so erhalten Sie zehn verschiedene Antworten.

Für den einen ist Liebe das Gefühl der Geborgenheit, für den anderen ist es überwiegend mit sexuellen Lust-

11

gefühlen verbunden, der Dritte meint damit die beschützende Liebe, die er für seine Kinder empfindet. Die Emotionen, die sich mit dem Wort Liebe verbinden, sind unterschiedlich; sie reichen vom tiefen Glück, von Harmonie über Gewohnheit bis hin zu Enttäuschung, Trauer, Unglück und Wut.

Wissenschaftler haben erst kürzlich anhand von Untersuchungen beweisen können, daß Menschen, die lieben, nicht nur glücklicher sind und ihnen alles leichter fällt, sondern daß Liebe sich auch positiv auf das gesundheitliche Befinden auswirkt.

Wie jedes Gefühl ist Liebe weder käuflich, noch kann es durch beharrliches Werben, durch Einengung oder Zwang erworben oder erhalten werden. Liebe – in ihrer wahren Form – kann nur in Freiheit gedeihen. Das Wort Liebe allerdings wird gern für alle möglichen Zwecke benutzt und muß oft als Deckmantel für die verschiedensten Absichten herhalten. Wahre Liebe hingegen ist ein Grundelement in unserem Leben, das dieses Leben erst lebenswert macht. Liebe ist Ausdruck göttlicher Energie und vereint uns mit dem Kosmos.

Entscheiden Sie sich für ein Leben in Liebe!

Welche Arten der Liebe gibt es?

Die Liebe zu sich selbst

Lassen Sie uns mit der Liebe zu sich selbst beginnen. Eigenartigerweise ist das Wort Selbst-Liebe ziemlich verpönt. Vielleicht liegt das daran, daß dieses Wort aus Unkenntnis dem Egoismus gleichgesetzt wird. Selbstliebe ist aber nicht Egoismus, sondern vielmehr die Akzeptanz der eigenen Persönlichkeit mit ihren Stärken und Schwächen. Die Liebe zu sich selbst, das Annehmen der Eigenheiten sowie ein liebevoller Umgang mit sich selbst sind die Basis für ein erfülltes Leben überhaupt. Ja, es geht noch weiter, es ist nämlich nur derjenige überhaupt zur Liebe fähig, der sich selbst mag. Wenn Sie hier Schwierigkeiten haben, wenn Sie sich unserer Meinung nicht so leicht anschließen können, sollte Sie dies dazu veranlassen, eine gefühlsmäßige ,,Bestandsaufnahme'' zu machen. Ist Ihr Leben emotional in Ordnung? Sind Sie zufrieden? Fühlen Sie sich geliebt und lieben Sie? Sind Ihre Beziehungen ausgewogen?

Haben Sie sich auch schon einmal gefragt, wie ein anderer Mensch Sie überhaupt lieben soll, wenn Sie sich selbst nicht lieben? Wenn Sie sich nicht besonders leiden mögen und die Zuneigung eines anderen Menschen benötigen, um sich bestätigt zu fühlen, entwickelt sich aus einer solchen Situation alles mögliche – nur eines kann daraus nicht entstehen: eine echte Liebe. Dafür sind nämlich die Voraussetzungen nicht gegeben.

Selbstliebe ist nicht gleichbedeutend mit Selbstsucht. Die im Westen weitverbreitete Meinung, wer sich selbst liebt, hat keine Liebe mehr für den anderen, reicht weit zurück. Calvin (1509 – 1564) bezeichnet die Selbstliebe als die ,,schädlichste Pestilenz''. Auch Freud verurteilt die Selbstliebe als Narzißmus, mit dem Schluß, daß sich Liebe und Selbstliebe ausschließen. Erich Fromm hingegen hält es mit dem Bibelwort ,,Liebe Deinen Nächsten wie Dich selbst'' und erkennt damit die untrennbare Verbindung zwischen der Liebe zu seinem Selbst und der Liebe zu allen anderen Wesen an. Indem wir uns selbst lieben, machen wir uns auch zum Objekt unserer Liebe, was uns wiederum in enge Verbindung zu allen anderen Liebesobjekten bringt.

Eine Grundvoraussetzung für Liebe ist die Selbstliebe – an dieser Erkenntnis kommen wir nicht vorbei. Beantworten Sie spontan die folgenden Fragen:

– Bin ich mit mir zufrieden?

– Mag ich mich – so wie ich bin?

– Fühle ich mich wohl in meiner Haut?

– Fühle ich mich frei im beruflichen und privaten Kreis?

– Mag ich meinen Körper?

– Kann ich mich im Spiegel anlächeln?

– Fällt es mir leicht zu sagen: Ich liebe mich?

– Welche Fähigkeiten habe ich?

- Nutze ich diese Talente?

- Welche Schwächen habe ich?

- Kann ich sie akzeptieren?

- Wie gehe ich mit meinen Fehlern um?

- Kann ich das ändern, was mir an mir nicht gefällt?

- Tue ich es auch?

An Ihren Antworten erkennen Sie Ihre grundsätzliche Einstellung zu sich – Sie sehen auch deutlich die Punkte, an denen Sie noch arbeiten sollten.

Liebe ist eng verbunden mit Selbst-Bewußtsein. Nur Wissen kann bewußt machen. Wer sich kennt, kann sich viel eher annehmen, kann sich selbst besser einschätzen und weiß sowohl um seine Vorzüge wie auch um seine Schwachstellen. Er kann gezielt an sich arbeiten und wird deshalb schneller Erfolge haben – Erfolgserlebnisse erhöhen die Motivation und ziehen wiederum neue Erfolge nach sich. Sie sehen, wie einfach es ist, einen positiven Kreislauf ins Leben zu rufen. Machen Sie sich den folgenden Gedanken von Julio Roberto zum Motto:

Liebe Dich selbst im anderen.
Und Du wirst beide lieben.

Liebe zu den Kindern – Elternliebe – Mutterliebe

Diese drei Arten der Liebe sind eng miteinander verbunden. Unser Leben ist stark geprägt von den ersten Erfahrungen, die wir in der Kindheit und Jugend machen. Das gilt in ganz besonderem Maße für die Zuneigung, die der kleine Mensch in den ersten Lebensjahren erfährt. Bereits während der Schwangerschaft wirken alle Gefühle der Mutter auf das noch Ungeborene – positive Erlebnisse, Vorfreude auf das Baby ebenso wie Angst und Abneigung. Ein erwünschtes Kind wird von Anfang an – also schon bei der Zeugung – geliebt, es erfährt vom ersten Moment des Seins Liebe, fühlt sich angenommen und geborgen.

Für Menschen, die in einer Atmosphäre von Verständnis und Zuneigung aufwuchsen, ist ein Leben in Liebe von vornherein eine Selbstverständlichkeit. Umgekehrt bedeutet dies jedoch nicht, daß eine lieblose Kindheit auch automatisch zu einem Leben ohne Liebe führen muß. Wer Liebe in den ersten Lebensjahren nicht oder nur wenig kennengelernt hat, der muß vielleicht etwas mehr an sich arbeiten, um die eigene Liebesfähigkeit zu entdecken, kann aber vielleicht gerade deshalb Zuneigung intensiver erleben. Andererseits ist eine liebevolle Kindheit keineswegs die Gewähr dafür, daß das weitere Leben ganz ohne eigenes Zutun auch in puncto Liebe erfüllt sein wird. Vielleicht erwirbt sich derjenige, der mehr an sich arbeiten muß, ein tieferes Bewußtsein.

Das kleine Kind entdeckt in den ersten Lebensjahren, daß es geliebt wird, ohne etwas dafür tun zu müssen.

Die Liebe der Mutter bedeutet für das Kind alles: Sicherheit, Zufriedenheit, Harmonie. Liebt die Mutter ihr Kind hingegen nicht, so fehlt dem Kleinen etwas Elementares — das wirkt sich aus, bis hin zur körperlichen Entwicklung eines Kindes. Geliebte Kinder gedeihen prächtig, entwickeln sich körperlich, geistig und seelisch schneller und besser als ungeliebte. Das Kind reagiert auf die Liebe, die es von den Eltern geschenkt bekommt; es ist freundlich und fröhlich.

Später entdeckt das Kind dann, daß es selbst etwas dafür tun kann, um Zuneigung zu erhalten, beispielsweise Wohlverhalten zeigen oder kleine Geschenke machen. Diese Phase ist eine entscheidende Stufe in der Entwicklung eines Menschen. Bei der kindlich-jugendlichen Liebe spielt das Geliebtwerden noch die wichtigste Rolle — oft durch die Erziehung maßgeblich gefördert: ,,Bist Du lieb und brav, machst Deine Hausaufgaben richtig, wäscht Deine Hände vor dem Essen . . . dann haben Dich Mami und Papi auch lieb.''

Die Fähigkeit zu lieben ist einem Reifungsprozeß unterworfen: Vom kindlichen passiven Gefühl des Geliebtwerdens bis zum aktiven Gefühl des Liebens ist es ein langer Weg. Viele Menschen bleiben in der kindlichen Phase ihr ganzes Leben stecken. Solche ich-bezogenen Gefühle zur Befriedigung eigener Bedürfnisse werden gern mit Liebe verwechselt.

Die attraktive Jutta war mit ihren 35 Jahren emotional am Ende. Eine Beziehung nach der anderen scheiterte. Mit Peter ging sie jedes Wochenende Segeln, obwohl ihr Herz mehr für das Gebirge schlug; für Franz ließ sie sich ihre langen blonden Haare kurz schneiden und rot färben; für Willi lernte sie Spanisch. Egal, welche Anstrengungen sie auch unternahm, um Ihrem Partner zu gefallen – halten konnte sie keinen. Jutta ist ein typisches Beispiel für die kindliche Verhaltensweise, sich Liebe durch Wohlverhalten zu erwerben. Viele Beziehungen funktionieren sogar nach diesem Verhaltensmuster – Liebe, wie wir sie verstehen, ist das allerdings nicht.

Die Bedeutung der elterlichen Liebe für die Entwicklung des Kindes ist inzwischen wissenschaftlich unbestritten. Doch sollte sich diese Erkenntnis noch mehr in allen Bevölkerungsschichten durchsetzen. Dank der vielfältigen Verhütungsmethoden ist es heute möglich, sich aus Liebe für ein Kind zu entscheiden. Mit einem verantwortlichen Verhalten, das heißt einer bewußten Entscheidung *für* ein Kind, können Unglück und Leid reduziert werden.

Stellen Sie sich nur vor: Eine Welt – bevölkert von geliebten Kindern! Auch wenn es heute noch als eine Utopie erscheint, so trägt doch jeder von uns mit seinem Handeln dazu bei, was in dieser, unserer Welt geschieht. Kleine Veränderungen können große Wirkungen erzielen!

Meist werden aus Kindern eines Tages Eltern – so setzt sich der Kreislauf fort: Kinder, die Liebe erfahren haben, die gelernt haben, selbst zu lieben, können ihre Gefühlsfähigkeit wiederum an die eigenen Kinder weitergeben. Auch können sie ihre Eltern lieben und damit einen Kreislauf der Liebe innerhalb der Familie schließen. Wer sich selbst liebt, kann viel mehr Liebe und Wärme vermitteln und an die Umwelt und natürlich besonders an die eigenen Kinder weitergeben.

Wir wollen die Mutterliebe hier nur kurz erwähnen. Die Selbstlosigkeit, mit der eine Mutter ihr Kind liebt, und die große Bedeutung, die diese ersten Gefühle im Leben eines Menschen haben, unterscheidet die Mutterliebe von allen anderen Formen und Ausdrucksweisen der Liebe. Sie gilt als die heiligste Liebe und wird in der Person der Mutter Gottes in den meisten großen Religionen, besonders in der christlichen Kirche, verehrt.

Platonische Liebe

Diese Form der Liebe erlebt zur Zeit eine Renaissance: Vermutlich als eine Reaktion auf die jahrelange Überbetonung der Sexualität kommt die platonische Liebe wieder in Mode. Es gibt Paare, die von einer neuen Dimension in ihrer Beziehung berichten, nachdem sie sich für eine Liebe ohne Sex entschieden haben. Spannungen und Mißstimmungen, die sich wegen unterschiedlicher sexueller Bedürfnisse und Wünsche ergeben hatten, lösten sich sozusagen in nichts auf. Jeder muß für sich selbst herausfinden, wie er seine Beziehung gestalten will, welche Bedeutung für ihn die körperliche Liebe hat und ob er überhaupt ohne Sexualität leben möchte. Dies ist eine Entscheidung, die der einzelne erst einmal für sich alleine treffen muß, um dann zusammen mit dem Partner einen gangbaren Weg zu finden. Harmonie in platonischen Beziehungen ist nur möglich, wenn *beide* Partner aus tiefstem Herzen dazu bereit sind.

Peter und Lilo waren fünf Jahre zusammen; sie mochten sich und harmonierten in den praktischen Bereichen des Lebens. Differenzen gab es immer nur, wenn es um Sex ging. Lilo hatte nach Peters Aussage einen schier unersättlichen sexuellen Appetit. Er hingegen liebte die geistige Auseinandersetzung, fand Erfüllung im Dialog und war zufrieden mit zärtlichen Kuschelstunden. Er war zwar nicht gegen Sex, konnte aber auch nicht viel Begeisterung dafür aufbringen. Die sexuellen Wünsche Lilos zu erfüllen ließ immer mehr Zwang und Druck in ihm entstehen. Seine ohnehin geringe Lust am Sex schwand von Monat zu Monat. Gereiztheit, Aggressionen und schwindendes Verständnis für den anderen waren die Folge. Gespräche fanden immer seltener statt. Allmählich wurde die Beziehung zu einer Belastung für beide Seiten. Lilo konnte und wollte nicht auf die körperliche Erfüllung verzichten, Peter konnte nicht mehr tun, als seinen Gefühlen entsprach — eine Trennung in Freundschaft war die beste Lösung für beide. Peter lebt momentan allein, pflegt alte Freundschaften und ist zufrieden. Ob er sich wieder binden will, vermag er noch nicht zu sagen. Er weiß aber, daß für ihn nur eine Partnerin in Frage kommt, für die Sex nicht von entscheidender Bedeutung ist. Lilo holt versäumt Geglaubtes nach — flirtet, lebt ihre Wünsche aus.

Erotische Liebe

Nicht vergessen wollen wir auch die erotische Liebe, die aus dem körperlichen Akt der Vereinigung eine Erfahrung machen kann, die *alle* Sinne berührt. Erotik ist weit mehr als Sex; Erotik ist ein Zustand auf geistiger, seelischer und körperlicher Ebene, der das Zusammensein mit einem geliebten Partner zu einem unvergeßlichen Erlebnis werden läßt. Erotik kann erlernt und kultiviert werden – kann verzaubern, befreien und in eine andere Welt versetzen. (Siehe *Sexualität*)

Sowenig wir sagen können, was Liebe genau ist, sowenig können wir ein Rezept für die Liebe anbieten. Doch kann jeder, der es möchte, lernen zu lieben – sich selbst, das Leben, den Augenblick, seine Mitmenschen und einen Partner. Das Objekt seiner Liebe bestimmt jeder selbst. Je besser Sie sich kennen, desto sicherer werden Sie sich für die Art des Lebens und des Liebens entscheiden, die Ihnen gemäß ist, die Ihrem Wesen entspricht und die Sie erfüllt und glücklich macht.

Auch die Ausdrucksformen der Liebe sind unterschiedlich – so wie die verschiedenen Arten der Liebe. Es gibt keine Regeln oder gar Rezepte für die Liebe. Wer jedoch seine Gefühle zuläßt und in der Lage ist, sie auch zu zeigen, der kann lernen, seine Liebe auszudrücken. Wie bei der verbalen Kommunikation gibt es hier natürlich auch viele Mißverständnisse. Aber jede Erfahrung macht klüger und bringt uns weiter; vorausgesetzt, wir verschließen uns nicht vor ihr.

Liebe zu Gott

Wenngleich von dieser Liebe nicht so viel gesprochen wird, so ist sie doch von existentieller Bedeutung für unser Leben. Die Liebe zu Gott erst macht uns überhaupt fähig zur Liebe, sie ist der Mittelpunkt allen menschlichen Seins und macht erst den Sinn des Lebens aus. Finden Sie Gott in sich, und Sie finden den Sinn Ihres Lebens. In der göttlichen Liebe erfahren wir Frieden und Erfüllung; gleichzeitig eröffnet sie uns neue Dimensionen. Gott liebt den Menschen. Lassen Sie diese Liebe zu, lassen Sie sie wirken, und Ihr Leben wird erfüllt.

Nächstenliebe

Wer aufmerksam die Zeitungen liest oder Menschen auf der Straße, bei der Arbeit oder bei Partys betrachtet, wird sich kaum des Eindrucks erwehren können, daß die Nächstenliebe immer mehr verkümmert. Nächstenliebe heißt nicht, sich um Menschen zu bemühen, die für die Karriere nützlich sein können – Menschenliebe ist ein universelles Gefühl der Zuneigung und der Verantwortung für unsere Mitmenschen. Also auch für die alte Nachbarin, die ihre Einkäufe nicht mehr tragen kann, für die überforderte alleinerziehende Mutter oder das weinende Kind, das gerade von seinen Schulkameraden verprügelt wurde.

Gerade in einer Zeit, in der es üblich geworden ist,

nur noch an sich selbst zu denken, ist es mehr denn je notwendig, sich einmal auf alte Werte wie den der Nächstenliebe zu besinnen. Und wenn das allein für Sie kein Argument ist, dann denken Sie einmal daran, daß sich auch Ihre Lebensumstände plötzlich verändern können.

Alles, was Sie geben, kehrt zu Ihnen zurück. Manchmal nicht sofort und nicht immer in einem direkten Zusammenhang. Aber Menschen, die hilfsbereit und liebevoll mit ihren Mitmenschen umgehen, werden geliebt und geachtet, fühlen sich gut und haben Freude am Leben. Und wollen wir das nicht alle? Nächstenliebe ist ein Weg dahin.

Warum ist Liebe so wichtig für unser Leben?

Wir wissen, daß Liebe individuell erfahren wird — jede Liebe ist einzigartig, so wie jeder Mensch einzigartig in seiner Art und Weise ist. Gemeinsam ist allen Menschen dieser Erde, daß Liebe als ein elementares Gefühl empfunden wird. Betrachten wir nur die Kunst — Literatur, Musik oder Baudenkmäler. Wie viele Werke sind der Liebe gewidmet, wie viele Werke entstanden überhaupt nur, um einem geliebten Menschen ein Denkmal zu setzen. Denken Sie nur an ,,Romeo und Julia'', an die Oper ,,Aida'', an die unzähligen Hits, die sich direkt oder indirekt mit Liebe und Gefühlen befassen. Jede

Zeit und jede Kultur hat ihre eigene Ausdrucksform der Liebe — mal äußert sie sich versteckt, nur durch Symbole, mal wird klar und deutlich das Gefühl gezeigt. Alles hat seine Zeit . . .

Woran merken wir, daß ein Mensch liebt? An der Ausstrahlung, an der Herzlichkeit, der Wärme und dem Verständnis — ein liebender Mensch ist offen für das Schöne, ruht in sich und vermittelt Harmonie. Menschen, die lieben, fallen auf durch strahlende Augen, durch die Lebensfreude. Die Liebe, die Sie fühlen, geht über auf Ihre Umwelt — egal, ob das die Familie, die Arbeitskollegen oder die Kundschaft ist — und kehrt zu Ihnen zurück. Wer sich dem Kreislauf Liebe anschließt, der ist nie allein, sondern immer auch verbunden mit allen Menschen, die Liebe im Herzen tragen.

Liebe gibt enorme Kraft. Was haben Menschen schon alles erreicht, nur aus Liebe. Nicht nur in der Kunst, sondern auch in der Technik wurden große Fortschritte erzielt, weil Liebe die Antriebskraft zu solchen Schöpfungen war. Liebe ist eine treibende Kraft, Liebe ist eine Flamme. Sie kann ruhig glühen und wärmen; sie kann auch auflodern, kann lange Zeit heiß brennen. Liebe ist Leben, Liebe gibt Leben. Nur wenig in unserem Leben kann so viel bewirken wie die Liebe. Liebe kann krank machen, ebenso macht Liebe aber auch gesund. Liebe kann Wunden heilen, kann Wunden schlagen. Liebe kann beruhigen und aufregen — Liebe kann sich sowohl in einem kleinen Blick wie auch in jahrelanger Aufopferung und Hingabe ausdrücken.

Ohne Zweifel ist Liebe etwas, was alle suchen und

ersehnen und was doch so wenige wirklich erfahren. Denn wie alles im Leben, hat auch die Liebe ihren Preis. Sie bedeutet Arbeit an sich, um sich kennenzulernen, sich lieben zu lernen. Vielleicht müssen auch erst alte seelische Verletzungen heilen, damit Liebe sich entfalten kann. Liebe ist wie eine kleine Pflanze: Es genügt nicht, aus dem Samenkorn einen kleinen Trieb zu ziehen. Das Pflänzchen muß auch weiterhin sorgfältig gepflegt werden. Selbst ein alter, großer Baum benötigt Wasser, Licht und reine Luft. Liebe läßt sich gut vergleichen mit einem Baum – Liebe kann wachsen, sie kann sterben, sie kann verstümmelt werden, kann Phasen der Stagnation erleben, sie braucht Pflege und Nahrung, hat ihre Wachstums- und Ruhephasen, und sie unterliegt natürlich auch äußeren Einflüssen.

Stellen Sie sich einen wundervollen Baum vor – am besten eine Eiche –, mit weitausladenden Ästen, mit saftigen grünen Blättern, die sich leicht im Wind bewegen. Sehen Sie den blauen Himmel über Ihrem Baum, riechen Sie die frische Luft, und betrachten Sie aus der Nähe die Rinde – sie hat Narben und Flecken, aber sie ist fest und fühlt sich angenehm an, wenn Sie mit der Hand darüber streichen. Sehen Sie diesen Baum vor sich, spüren Sie, wie er lebt – wie er mit dem Wind schwingt und dabei seine eigene Dynamik entfaltet. Identifizieren Sie Ihre Gefühle mit diesem Baum. Lassen Sie die Gedanken frei, lassen Sie alles zu, und versuchen Sie zu fühlen, wie Liebe in Ihnen aufsteigt – wie sie stärker wird, wie die Liebe Sie durchströmt. Können Sie auch so leicht und durchlässig werden – Ihre

Gefühle schwingen lassen? Orientieren Sie sich an dem Beispiel Ihres Baumes, machen Sie dieses Bild zum geistigen Ausdruck Ihrer Gefühle.

> *Lieben Sie das Leben — und das Leben wird Sie lieben, denn alles, was geschieht, beruht auf dem Gesetz von Ursache und Wirkung.*

Erfüllte Liebe — unglückliche Liebe

Die Liebe zweier Liebenden ist fast nie die gleiche.
(Stendhal)

Betrachten Sie die Paare in Ihrer Umgebung aufmerksam, und Sie sehen, wer glücklich ist, wer liebt und wer geliebt wird. Liebe hat viele Facetten, sie ändert sich im Lauf der Zeit; die Ausdrucksform der ersten Liebe ist zwangsläufig anders als bei der schon lange bestehenden Liebe. Es berührt uns immer wieder, wenn wir betagte Paare sehen, die — ohne viele Worte — durch Gesten und Blicke erkennen lassen, daß sie ihr Leben in Liebe verbracht haben. Es herrschen Harmonie, Gleichklang und ein tiefes Verständnis, das nicht mehr der Worte bedarf. Solche Menschen strahlen inneren Frieden und ruhige Sicherheit aus — Schwingungen, die nur durch eine erfüllte Liebe und langjährige gemeinsame Erfahrungen entstehen können.

Auch den unglücklich Liebenden erkennt man schon von weitem. Wie ein flügellahmer Vogel sitzt er da, bedauert sich selbst und trauert seiner Liebes-Chance nach, oder er verzehrt sich in unglücklicher Liebe nach einer für ihn unerreichbaren Schönheit. Daß in der Sturm- und Drangzeit junge Leute häufiger unglücklich verliebt sind, ist natürlich kein Wunder. Sie kennen sich selbst noch nicht so gut, sind empfänglicher für äußere Reize, müssen vieles selbst ausprobieren (inklusive der eigenen Emotionen und der Wirkung auf das andere Geschlecht); nicht zu unterschätzen ist bei jungen Leuten auch der ,,sportliche'' Jagdtrieb. Wenn jedoch reifere Menschen immer nur solche Menschen lieben, die ihre Liebe nicht erwidern, dann ist es höchste Zeit für eine Analyse der Situation – ein Überdenken der Vorstellung vom Leben und der Liebe ist dann dringend erforderlich.

Manch einer wird dabei herausfinden, daß er sich in der Rolle des unglücklich Liebenden eigentlich recht wohl fühlt: Er hat zwar ein emotionales Ziel, muß sich aber nicht der Herausforderung des Zusammenlebens stellen. Da er auch immer in der Illusion lebt, braucht er sich mit der Realität nicht auseinanderzusetzen. So kann die Rolle des unglücklich Liebenden leicht zu einer lieben Gewohnheit werden.

Eine andere Art der unglücklichen Liebe entsteht in Beziehungen, in denen sich einer der Partner nicht (mehr) wohl fühlt. Das mag verschiedene Ursachen haben, die im Einzelfall abzuklären sind. Auf jeden Fall gibt es immer einen Weg — eine Veränderung der eigenen Einstellung, Aufklärung von Mißverständnissen oder auch eine Trennung. Niemand ist einer Situation hilflos ausgeliefert, sondern hat die Möglichkeit einer Veränderung. Das bedeutet: heraus aus der passiven Rolle und hinein in ein eigenverantwortliches aktives Verhalten.

Tom war ein dynamischer Lehrer, beliebt bei seinen Schülern und Kollegen. Er lebte mit Sybille, einer ruhigen, liebenswerten Frau. Die Beziehung gab beiden, was sie sich wünschten und was sie brauchten. Tom fand in ihrer Gegenwart zu innerer Ruhe, Sybille wurde von seiner Energie angesteckt. Sie heirateten, als Sybille schwanger wurde. Und nach der Geburt des Babys begann eine schleichende Veränderung. Sybille war nur noch Mutter, hatte kein Interesse mehr für Tom, gemeinsame Unternehmungen gab es nicht wegen des Babys. Tom fühlte sich ausgestoßen, nicht mehr gebraucht und nicht mehr geliebt. Er zog sich zurück, kam immer später nach Hause. Als Sybille bemerkte, daß Tom reichlich Alkohol trank, wurde ihr erst das Ausmaß der Situation bewußt. In vielen Aussprachen, Diskussionen und mit viel Geduld versuchen sie nun, zu einer Familie zusammenzuwachsen.

Wie wichtig ist Liebe
in meinem Leben?

Wenn Sie wissen möchten, welche Rolle die Liebe in Ihrem Leben spielt, beantworten Sie die folgenden Fragen:

- Wie fühle ich mich heute?

- Und wie in letzter Zeit im allgemeinen?

- Bin ich mit meinen Lebensumständen zufrieden?

- Wie wichtig ist mir Privatleben, Familie, Freunde, Beruf, Hobby?

- Habe ich Erfolg in den Bereichen, die mir wichtig sind?

- Was bedeutet Liebe für mich?

- Welche Vorstellung entsteht in mir, wenn ich das Wort ,,Liebe'' ausspreche?

- Wie sieht die Liebe in meinem Leben aus?

- Wie steht es dabei um das Verhältnis von Wunsch und Realität?

- Wie habe ich mir die Liebe vor zwanzig Jahren vorgestellt? Wie vor zehn und wie vor fünf?

- Wie wichtig war sie mir damals?

- Was ist aus diesen Vorstellungen geworden?

- Wie sieht mein Leben heute in bezug auf die Liebe aus?

- Was vermisse ich bei der Liebe (Treue, Vertrauen, Zärtlichkeit)?

- Habe ich die Liebe, die ich mir immer gewünscht habe?

- An wen denke ich, wenn ich an Liebe denke?

- Habe ich den richtigen Partner, mit dem ich auf gleicher Wellenlänge schwinge?

- Was tue ich, um Liebe zu finden/zu erhalten?

- Wen liebe ich, und welche Art der Liebe ist dies?

- Wie stark ist dieses Gefühl?

- Werde ich geliebt – wenig, viel, genügend?

- Ist die Liebe Bestandteil meines Lebens?

- Ist die Liebe ein Gesprächsthema in meiner Beziehung?

- Kann ich über Liebe sprechen?

- Zeige ich meine Liebe? Auf welche Weise?

- Ist mein Partner glücklich mit mir, gebe ich ihm die Zuneigung, die er braucht?

Der Sinn des Lebens

Der einzige Beruf des Menschen ist, zu sich selbst zu kommen.
(Hermann Hesse)

Es ist ein typischer Ausdruck des heutigen Lebens, daß sich alles auf das Äußerliche konzentriert. Wir leben in einer Zeit, in der Begriffe wie ,,Karriere'', ,,Erfolg'', ,,Schönheit'' und ,,Jugend'' die Schlagzeilen bestimmen. Heute ,,in'' – morgen ,,out'', die Zeit ist schnelllebig, kaum jemand hat Muse für eine wirkliche Problemlösung. Betrachten wir einmal die Personen, die im öffentlichen Licht stehen, über die gerne in der Presse berichtet wird: Erfolg, Schönheit und Reichtum scheinen offenbar doch nicht so glücklich zu machen, wie es in den bunten Blättern gern dokumentiert wird. Die vielen Berichte über Alkohol- und Drogenkonsum, über Selbstmorde und Psychotherapien wie auch über Depressionen und andere psychisch bedingte Krankheiten gerade in solchen Kreisen sprechen eine deutliche Sprache. Diese Fakten beweisen, daß der Sinn des Lebens ganz sicher nicht in Äußerlichkeiten zu finden ist.

Es ist übrigens ein interessantes Phänomen, daß gerade besonders reiche, besonders erfolgreiche oder besonders schöne Menschen oft auch besonders unglücklich sind. Solche Menschen werden häufig wegen dieser Äußerlichkeiten begehrt und haben dadurch Schwierigkeiten, ihre eigene Identität zu finden. Sie empfinden sich als wesen-lose Traumbilder, fühlen sich als Mensch nicht akzeptiert und ziehen sich zurück − die Diskrepanz zwischen Außen und Innen wächst. Ein Boden für Frustrationen und Depressionen ist geschaffen.

Wer sich ganz nach außen orientiert, ist den jeweiligen Trends unterworfen, die von wenigen Menschen oder Gruppen, meist auf finanzielle Ziele ausgerichtet, bestimmt werden. Die individuelle Persönlichkeit, das Selbst, geht im Lauf der Zeit dabei verloren. Wer in seinem Leben ziellos dahinschwebt, kann zwar unter Umständen recht angenehm leben, das Wesentliche wird er aber nicht erfahren. Alle großen Religionen dieser Welt ebenso wie die bekanntesten Philosophien haben eines gemeinsam: Sie erkennen den Sinn des Lebens in der Lösung der Aufgaben, die das Leben dem einzelnen stellt. In einem engen Zusammenhang stehen dabei Ursache und Wirkung.

Nichts im Leben geschieht zu-fällig. Jede Existenz hat ihren bestimmten Sinn, und jeder Mensch hat seine Aufgaben zu lösen. Nicht jeder wird sich seiner Lebensaufgabe bewußt, auch erhalten nur wenige Menschen so weltbewegende Aufgaben wie zum Beispiel Albert Schweitzer, der Dalai Lama oder Gorbatschow. Die Aufgabe einer Krankenschwester, eines Pflegers, einer Mutter ist ebensoviel wert, ist eine genauso wichtige Lebensaufgabe. Eine der Hauptaufgaben, die jeder von uns in diesem Leben hat, ist die Annahme und Akzeptanz des Lebens als solchem sowie die Entfaltung der uns verliehenen Fähigkeiten, damit wir unsere eigene Existenz, unser Sein, und damit auch die Umwelt mit positiven Energien beleben können.

Wenn Sie gerade diese Zeilen lesen, während auf Ihrem Schreibtisch sich die Akten häufen, das Telefon klingelt und der Chef nach Ihnen ruft oder Sie nicht wissen, wo Sie nun zuerst anfangen sollen: das Baby wickeln, das Fläschchen wärmen, die Hausaufgaben der Großen überprüfen oder lieber das Geschirr spülen – dann stellen Sie vermutlich entnervt fest, daß sich für Sie die Frage nach dem Sinn des Lebens scheinbar gar nicht stellt. Sie haben dazu keine Zeit! Aber gerade für Sie ist diese Frage von entscheidender Bedeutung, denn Sie werden auch Ihre tägliche Arbeit leichter meistern können, wenn Sie wissen, *warum* und *wohin* und *wofür*.

Vielleicht ist Ihre Lebensaufgabe unter solchen Umständen zu innerer Ruhe und Harmonie zu finden, zu lernen, Wesentliches von Unwesentlichem zu unterscheiden und damit Zeit zu gewinnen für Fragen, die über den Alltag hinausgehen und Ihnen ganz neue Dimensionen Ihrer Existenz eröffnen können. Möglicherweise dient gerade der extreme Streß, die besondere Belastung dazu, Ihnen die Augen zu öffnen, daß es lebens-wichtige Fragen gibt, mit denen Sie sich noch nie befaßt haben. Halten Sie einmal inne in Ihrer Tätigkeit – nehmen Sie sich Zeit für sich selbst.

Der Sinn des Lebens ist für die einzelnen Menschen so unterschiedlich wie die verschiedenen Lebensumstände; er ist abhängig von der geistig-seelischen Reife der betroffenen Person. Wer am Anfang steht, wer zum erstenmal erkennt, daß der Sinn des Lebens nicht nur darin bestehen kann, Geld zu verdienen und es wieder auszugeben, zu essen, zu schlafen und sich zu vergnügen, der hat natürlich einen anderen Entwicklungsprozeß vor sich als der Mensch, der bereits ein tiefes Bewußtsein für andere Lebensdimensionen hat.

Ziel der menschlichen Existenz ist es, Vollkommenheit zu erlangen — bis dahin ist es ein weiter Weg. Eine einzige irdische Existenz reicht kaum aus, dieses Ziel zu erreichen. Wenn Sie sich aber bewußt auf den geistigen Weg machen, dann werden Sie erfahren, daß Leben keineswegs Stillstand oder Passivität ist, sondern Bewegung. Sie entscheiden, ob Sie nach vorn oder ob Sie zurück gehen. Wichtiges ,,Arbeitswerkzeug'' sind dabei Ihre Gedanken. Sie *sind*, was Sie *denken* — Sie ziehen das an, worauf Sie Ihre Gedanken richten.

Der Sinn des Lebens liegt darin, sich weiterzuentwickeln, sich neue Perspektiven zu erarbeiten und das Bewußtsein zu erweitern. Damit leisten Sie auch Ihren Beitrag für eine friedlichere und schönere Welt. Wer weiß, daß er für alles, was in seinem Leben geschieht, mitverantwortlich ist, daß er durch die eigenen Gedanken und Taten entscheidend zu seiner Situation beiträgt, der hat den ersten Schritt schon gemacht. Dabei ist das Wissen um den Zusammenhang von Ursache und Wirkung eine Grundvoraussetzung. Was auch immer Ihnen widerfährt, fragen Sie sich, welche Ursachen Sie selbst gesetzt haben — sei es durch Gedanken oder Taten. Sie sind niemals Opfer — es sei denn, Sie entscheiden sich für die Opfer-Rolle — , Sie sind immer ein aktiv Handelnder, selbst wenn Sie sich passiv verhalten. Denn: Sie haben immer die Wahl zwischen mindestens zwei verschiedenen Möglichkeiten.

Blicken Sie einmal zurück. Wie ist Ihr Leben bisher verlaufen? Sie haben viel Pech gehabt. Analysieren Sie die einzelnen Situationen genau. Wie haben Sie sich verhalten? Haben Sie positive Akzente gesetzt, waren Sie überhaupt aktiv? Betrachten Sie dabei nicht allein das Resultat, sondern finden Sie die Ursachen dafür heraus. So erarbeiten Sie sich ein besseres Verständnis für die Zusammenhänge. Das Wissen um die Zusammenhänge, die Umsetzung Ihrer Erkenntnisse in die Praxis und die Entscheidung zu einer positiven Veränderung helfen Ihnen, Ihre Ziele zu erreichen. Auch Sie können glücklich sein, in Harmonie mit sich und Ihrer Umwelt leben, und Sie können durchaus Ihre Wünsche realisieren.

Wenn Sie Ihr Leben ändern wollen, gehen Sie am besten nach folgendem *Drei-Stufen-Plan* vor:

Der Drei-Stufen-Plan

1. Analyse der Situation:

Sie haben Probleme, sind unzufrieden, gereizt – Sie fühlen sich einsam und ungeliebt. Das muß nicht sein. Setzen Sie sich hin, nehmen Sie ein Blatt Papier, und machen Sie Bestandsaufnahme:

– Mein Problem ist . . . (z.B.: Ich habe keinen Partner/in, ich fühle mich einsam).

- Ich habe dieses Problem seit . . . (z.B. der Trennung von meinem Freund/in vor drei Monaten).

- Es wurde ausgelöst durch . . . (z.B. durch die Trennung).

- Was habe ich bisher unternommen, um das Problem zu lösen? (Kneipenbesuche, Bekanntschaftsanzeige.)

- Warum waren meine bisherigen Aktivitäten nicht erfolgreich? (Habe niemanden getroffen, der mir gefiel.)

- Warum gefiel es/sie mir nicht? (Habe zu hohe Ansprüche.)

- Warum habe ich zu hohe Ansprüche? (Weil ich bestimmte Vorstellungen habe, die offenbar nur wenige befriedigen können.)

- Warum? (Weil ich wählerisch bin und weil ich ja auch selbst viel biete.)

- Warum _____ ?

- Warum _____ ?

Sie können diese Frage nach dem *Warum* unendlich fortsetzen. Anfangs mag Ihnen diese Methode sogar lächerlich vorkommen. Wenn Sie jedoch auch dann noch *warum* fragen, wenn Sie glauben, daß es jetzt keine Antwort mehr gibt, dann kommen Sie an die wirklichen Ursachen heran. Sie werden überrascht sein, welche neuen Seiten Sie an sich selbst kennenlernen. Probieren Sie es aus, denn nur wenn Sie wissen, wo das Problem tatsächlich liegt, können Sie auch gezielt an die Lösung gehen.

2. Festlegung der Ziele:

Sie haben intensive Ursachenforschung betrieben und wissen nun, was Ihnen nicht behagt, was Sie ändern möchten. Nun machen Sie es umgekehrt:

– Was will ich? (Einen Partner.)

– Warum? (Damit ich nicht mehr allein bin.)

– Warum? (Weil mir das Leben allein leer vorkommt.)

– Warum? (Weil ich niemanden zum Reden, Kuscheln habe.)

– Warum _____ ?

– Warum _____ ?

Setzen Sie auch hier die Fragen solange fort, bis es keine Antwort mehr gibt, denn dann erfahren Sie ihre wirklichen Ziele. Und nicht nur das, Sie sind dann auch sicher, daß Sie tatsächlich einen Partner suchen, warum Sie ihn wollen und was Sie für die Zukunft möchten. Daraus ergibt sich fast automatisch, welcher Art Ihre Beziehung sein sollte, wo der Schwerpunkt liegt und wo Sie diesen Partner am ehesten finden können.

Und jetzt kommt der schwierigste Teil:

3. Konsequente Arbeit an sich selbst:

Dabei gibt es verschiedene Möglichkeiten (einige Hinweise hierzu enthält das Kapitel V dieses Buches). Nach

Analyse und Zielsetzung bietet sich das Mentale Training oder die Arbeit mit Affirmationen an, sowohl um die eigenen Wünsche zu realisieren als auch um sich weiterzuentwickeln. Sie sollten sich aber nicht nur auf die Übungen konzentrieren, sondern auch die äußeren Umstände — soweit dies in Ihren Möglichkeiten liegt — verändern. Bleiben wir bei dem Beispiel der Partnersuche. Der ideale Partner wird nicht an Ihrer Wohnungstür klingeln und sagen: ,,Hier bin ich.'' Da Sie sich aber über sich selbst wichtige Erkenntnisse erarbeitet haben, wissen Sie nun, daß Ihr Partner beispielsweise Ihre sportlichen Aktivitäten teilen sollte. Also — entscheiden Sie sich für einen Sportverein, einen Skiurlaub oder ähnliches, wo Sie Menschen mit gleichen Interessen begegnen.

Kapitel II
Liebe im täglichen Leben

Güte in den Worten erzeugt Vertrauen,
Güte beim Denken erzeugt Tiefen,
Güte beim Verschenken erzeugt Liebe.
(Laotse)

Wir wollen uns mit verschiedenen Situationen befassen, die die Liebe in Partnerschaften, aber auch im alltäglichen Umgang mit anderen Menschen betreffen.

Liebe in der Partnerschaft

Was ist wichtig für eine erfüllte Beziehung?

Die meisten Fragen und Probleme in puncto Liebe entstehen im Zusammenhang mit einer Partnerschaft. Jede Beziehung ist ständigen Schwankungen unterworfen. Auch äußerlich scheinbar gleiche Situationen sind niemals gleich, können sogar extrem unterschiedlich sein. Das liegt vor allem daran, daß es hier um Gefühle geht, die weder meßbar noch nachvollziehbar sind. So kann es auch kein Rezeptbuch für die individuellen Probleme geben nach dem Motto „Man nehme . . . eine Prise Sexualität, etwas Verführung und schmecke mit leichter Zärtlichkeit ab".

Eine echte Partnerschaft kann nur dann funktionieren, wenn beide Partner eigenständige, in sich ruhende Persönlichkeiten sind, die selbstverantwortlich handeln, Liebe füreinander empfinden und auch bereit sind, ständig etwas für ihre Beziehung zu tun. Selbst wenn die Basis stimmt, entstehen Probleme − das ist ein ganz natürlicher Vorgang. Wie schon die alten Griechen sagten: „Panta rhei" − alles fließt; dies gilt ganz besonders für eine lebendige Beziehung. Nicht umsonst heißt es: *„Probleme sind Geschenke,* die jeder sich selbst macht", denn sie geben Gelegenheit, sich weiterzuentwickeln, sich neue Erkenntnisse zu erarbeiten und zu lernen. Wer in Problemen eine Katastrophe sieht, hat schlechte Chancen − wer hingegen ein Problem annimmt und an der Lösung arbeitet, bereichert sein Leben, setzt seine Energien sinnvoll ein − und gewinnt.

Harmonie ist eines der Hauptfundamente einer Beziehung. Wer mit sich selbst nicht im reinen − nicht in Harmonie − ist, der kann schwerlich ein harmonisches (Liebes-)Leben haben. Wie sollte er auch? Sie können nicht erwarten, daß ein anderer Mensch Ihnen das gibt, was Sie sich vom Leben wünschen. Die Idee von der „Traumfrau" oder dem „Traummann", die Sie glücklich machen, sollten Sie schnell über Bord werfen. So angenehm die Vorstellung auch sein mag, daß irgendwann einmal der/die große Unbekannte kommt, Ihnen alle Probleme abnimmt und das Leben schön und glücklich macht, sie hat doch auch etwas recht Langweiliges an sich. Ganz davon abgesehen, daß solche Wünsche so weit von der Realität entfernt sind wie der Fixstern von der Erde. Stellen Sie sich ein solches Leben nur einmal praktisch vor; es gibt keine unterschiedlichen Meinungen, keine Diskussionen, nur Liebe – nichts als Liebe; die Spannung, die Herausforderung fehlt, das ständig Schöne wird nicht mehr als schön empfunden, und schnell breitet sich gähnende Langeweile aus. Wie viel lebendiger ist da eine Beziehung, in der jeder erst einmal für sich selbst verantwortlich ist und für sein Glück aktiv etwas unternimmt. *Glück* finden Sie *in sich selbst* und erst dann in einem Partner.

Ein weitverbreitetes Zerrbild der Liebe ist die sogenannte *Aufopferung*. Wie viele Paare bleiben zusammen, weil „ich sie/ihn nicht verlassen kann, denn sie/er liebt mich ja" oder weil „er von mir erwartet, daß ich für ihn da bin" und auch weil „sie krank wird, wenn ich sie verlasse". Diese und ähnliche Äußerungen hören wir immer wieder, wenn es bei Seminaren um die Beziehungen geht, die keine mehr sind.

Lieben bedeutet, die Verantwortung für sich selbst und seine eigene Seele zu übernehmen. Es ist keine Liebe, wenn ich meine Seele vergewaltige und bei einem Partner bleibe, mit dem mich nichts mehr verbindet. Natürlich gibt es Menschen, die eine solche Opferrolle wählen und sich dann – oberflächlich gesehen – mit dem Gefühl der Selbstlosigkeit schmücken. Doch bei näherer Betrachtung erweist sich diese sogenannte Selbstlosigkeit fast immer als Angst – Angst vor dem Alleinsein, vor einer Entscheidung oder auch vor einer Veränderung. So bleiben diese Menschen lieber in einer unglücklichen Beziehung, verleugnen ihre wahren Bedürfnisse, nehmen ihre Lebensaufgabe nicht an – ihr Argument „ich tue das nur für ihn/sie" entschädigt dafür. Die vielen psychosomatischen Beschwerden bis hin zu schweren Depressionen zeigen jedoch ein anderes Bild.

Mißverständnisse, Streit, Untreue oder auch Trennung – solche Situationen verletzen, können Trauer und Seelenschmerz verursachen, doch längerfristig unglücklich machen sollten sie nicht. Glück in sich selbst finden ist eng verbunden mit Selbst-Bewußtsein und *Eigenverantwortlichkeit*. Die Erkenntnis, daß Sie selbst aktiv zu jeder Situation in Ihrem Leben beitragen, ist ungeheuer beruhigend. Sie sind ja nicht einem ungewissen Schicksal ausgeliefert, sondern Sie selbst haben diese Situation mit geschaffen. Genau aus diesem Grund können Sie ebensogut andere Ursachen setzen und damit die Dinge nach Ihren Vorstellungen und Wünschen gestalten.

Harmonie beruht auch auf Verständnis. Damit meinen wir zuerst einmal das ganz profane *Verständnis der Sprache*. Wenn die Kommunikation klappt, dann ist jedes Problem zu lösen, weil Sie sich wirklich *verstehen*. Viele Mißverständnisse entstehen, weil Mann und Frau zwar das gleiche sagen, aber unterschiedliches meinen. Jeder Mensch hat sein ganz eigenes persönliches Sprachverständnis, das stark von der Ausdrucks- und Verhaltensweise im Elternhaus und in der Schule geprägt ist.

Nehmen wir als Beispiel das Wort Liebe. Für den einen ist dieses Wort mit einem überwältigenden, einmaligen Gefühl belegt, der andere verwendet dieses Wort für seine Geliebte ebenso wie für banale Dinge, für gutes Essen oder schnelle Autos. Mißtöne, wenn nicht gleich handfeste Mißverständnisse, sind hier vorprogrammiert.

Hinzu kommt die grundsätzlich unterschiedliche Verhaltensweise von Männern und Frauen, die sich verbal darin äußert, daß Frauen ihre Wünsche lieber in Form eines Vorschlages vortragen. Sie vermeiden Forderungen und damit auch Ablehnung – die Vorschlag-Methode ist weicher. Männer hingegen bevorzugen es, klar und deutlich ihre Wünsche kundzutun, was in der weiblichen Empfindung oftmals schon einem Befehlston ähnelt. Männer nehmen Stellung und erwarten von ihrem Gegenüber, daß ebenfalls eine klare Reaktion in Form einer Ablehnung oder einer Zustimmung erfolgt. Hier gilt es, sofort jede Andeutung eines Mißverständnisses aufzuklären – bevor es zum Streit kommt. Finden Sie heraus, was Ihr Partner meint – trainieren Sie ein gemeinsames Sprachverständnis. Auf diese Weise lernen sich die Partner besser kennen – die beste Voraussetzung für gegenseitiges Verstehen.

Um sich über Ihre geheimen Wünsche an die Liebe in der Partnerschaft klar zu werden, beantworten Sie sich am besten die folgenden Fragen:

– Was ist mir am wichtigsten in bezug auf einen Partner? (geistige, körperliche, seelische Übereinstimmung, Vertrauen, Sicherheit, Geborgenheit, etc.)

- Was kommt an zweiter und dritter Stelle?

- Was soll der Partner für mich sein? (Gefährte, Geliebter, Versorger, Unterhalter, etc.)

- Was biete ich meinem Partner?

- Kann ich ein guter Partner sein?

- Unter welchem Motto soll unsere Beziehung stehen?

- Was halte ich von Treue?

- Kann ich Kompromisse eingehen?

- Was bin ich bereit aufzugeben – was auf keinen Fall?

- Wünsche ich mir eine gleichberechtigte Partnerschaft?

- Ordne ich mich lieber unter?

- Oder will ich bestimmen?

- Wie stelle ich mir ein gemeinsames Leben vor – wie sind die täglichen Aufgaben verteilt, was erwarte ich und was erwartet er/sie?

Sie können diese Fragen entsprechend Ihrer persönlichen Situation noch ergänzen. Je mehr Fragen Sie sich stellen und beantworten, desto klarer werden Ihnen auch Ihre geheimen Wünsche.

Wenn Sie sich Ihr Bild von einer idealen Partnerschaft gemacht haben, dann können Sie wieder nach altbewährtem Muster den Weg fixieren.

1. Das Ziel:

Meine Hauptziele sind: _____

2. Mein individueller Weg dahin:

Ich kann meine Ziele erreichen, wenn ich an meinen schwachen Punkten arbeite und damit in mir selbst die Voraussetzungen schaffe, so zu werden, wie ich sein will.

Dafür muß ich folgende Punkte verändern: _____

_____

_____

_____

_____

_____

3. Der gemeinsame Weg zu den Zielen:

Ich spreche mit meinem Partner über meine Wünsche und Vorstellungen, damit auch er entsprechende Schritte unternehmen kann.

4. Meine ständigen Wegbegleiter:

– Bereitschaft zur konstanten Arbeit an der Partnerschaft

– Geduld und Verständnis

– Liebe zu mir und meiner Umwelt

Vielleicht teilen Sie mit uns die Ansicht von André Maurois:

> *Die Ehe ist ein Bauwerk, das jeden Tag neu errichtet werden muß.*

Junge Liebe – alte Liebe oder:
Wie sich Gefühle und Werte mit der Zeit verändern

Es ist immer ein schöner Anblick, ein jung verliebtes Paar zu beobachten: Liebevolle Blicke, übereinstimmende Körpersprache, zärtliche Gesten und das wache Interesse am Partner. Wer kennt nicht das wunderbare und immer wieder einmalige Gefühl des Verliebtseins. Die Welt bleibt stehen, das Leben ist voll von wundervollen Überraschungen. Der Verliebte könnte Berge versetzen, wenn die geliebte Person dies wünschte. Aber auch der Alltag läßt sich in solchen Phasen spielend meistern. Die positiven Schwingungen, die ein glücklicher Mensch aussendet, lassen ihn auf allen Ebenen Erfolg haben; die Arbeit geht schneller von der Hand, der Kredit wird bewilligt und der mürrische Nachbar grüßt freundlich. Um so schöner dann noch, wenn aus der

Verliebtheit Liebe wird, eine Liebe, die lange – vielleicht sogar ein ganzes Leben – dauert.

So wie der Mensch sich ändert, wandelt sich auch das Gefühl. Aus dem Gefühl der Verliebtheit kann Liebe entstehen – muß es aber nicht. Manch einer zieht es vor, sich immer wieder neu zu verlieben. Er genießt das prickelnde Gefühl, das fast wie Sekt schmeckt: Leicht, belebend – aber nicht von langer Dauer. Die ständig Verliebten werden gern beneidet. Machen wir uns einmal die Mühe, hinter dieses Verhaltensmuster zu blicken.

Einem Schmetterling gleich schwirrt der frisch Verliebte von einer Blüte zur anderen, genießt den Moment, kann aber nicht so lange warten, bis sich die Blüte zur Frucht entwickelt. Es fehlt ihm an Interesse für diesen Reifungsvorgang. Wer lieber immer verliebt ist, als richtig zu lieben, der beraubt sich selbst einer fundamentalen Erfahrung in seinem Leben. Er bleibt in seiner emotionalen Entwicklung stehen – vielleicht aus Angst vor neuen Erkenntnissen, vielleicht aus Gedankenlosigkeit oder einfach, weil er es als bequem empfindet, muß er doch sich weder auf sich selbst noch auf den Partner einlassen. Wer sich für diesen Weg entscheidet, wird Schwierigkeiten haben, sein tiefes Inneres zu erfahren und seine Lebensaufgabe zu erfüllen.

Der Phase der anfänglichen Verliebtheit folgt die Zeit der Auseinandersetzung. Wenn die rosarote Brille abgesetzt wird, der Partner nach und nach von seinem Podest, auf das man ihn anfangs gehoben hat, heruntersteigt und sich zu einem ganz normalen Menschen entwickelt, beginnt eigentlich erst die Liebe. Man entdeckt neue Eigenschaften an dem anderen – nicht alle davon sind angenehm; und auch bereits bekannte Eigenheiten können ganz schön nerven. Am Anfang, als alles neu und aufregend war, galt die ganze Aufmerksamkeit dem Ziel, Interesse und Zuneigung des anderen zu erwecken. Gerne sah man über verschiedene „Macken" hinweg, der Schwerpunkt lag ja bei der eigenen Aktivität. Nun stellt man fest, daß die Vorstellung, die man bisher von dem Partner hatte, nicht unbedingt mit der Realität übereinstimmt.

Dies ist ein Zeitpunkt der Entscheidung. Sind die Differenzen schon in diesem Anfangsstadium unüberwindlich, dann gibt es nur eines: die klare Trennung. Schwierig wird es, wenn Differenzen und Anziehungskraft sich die Waage halten. Hier beginnt die aktive Arbeit. Eine große Hilfe sind dabei eine gemeinsame Zielsetzung, offene und ehrliche Aussprachen und der Wunsch, einen gangbaren Weg für beide zu finden. Ein gewisses Maß an Übereinstimmung sollte vorhanden sein, damit die Zukunft nicht von ständigen zermürbenden Kämpfen geprägt wird. Auch in langjährigen Beziehungen kommen immer mal wieder Phasen der Neuorientierung, der Überprüfung und der neuen Entscheidung. Das ist gut so, denn es hält die Beziehung lebendig. Stellen Sie sich nur einmal Partnerschaften vor, die über Jahre hinweg ohne Auseinandersetzung existieren. In starren Bahnen kann kein Gefühl überleben. Solche Partnerschaften sind Zweckbündnisse, nicht aber Liebesgemeinschaften. Wer sich für die Liebe entscheidet, der kann sicher sein, daß keine Langeweile aufkommt. Äußere Veränderungen, wie Karriere, Arbeitslosigkeit oder Krankheit, wirken auf die emotionale Ebene. Die Liebe wird stärker oder schwächer, es gibt Zeiten der seelischen Entfernung und Phasen intensiver Nähe. Was auch geschieht: Solange beide Partner ein seelisches Band verbindet, sind alle Schwierigkeiten zu meistern.

Die Liebe reift mit den Jahren, erlebt Höhen und Tiefen, aber sie ist immer da – einmal stärker, einmal schwächer, manchmal fast nicht wahrnehmbar. So wie Menschen im Lauf der Zeit ihre praktischen Gewohnheiten aufeinander abstimmen, so geschieht dies auch im seelischen Bereich. In langjährigen Partnerschaften versteht man sich fast ohne Worte, man kennt den Partner, weiß um seine Wünsche und seine Abneigungen. Die Sexualität steht nicht mehr an oberster Stelle, vielmehr verbinden gemeinsame Erfahrungen – gute wie schlechte. Vertrauen und Vertrautheit sind mit den Jahren gewachsen. Auch die stürmischen Zeiten der Auseinandersetzung sind weitgehend vorüber. Jeder hat sich seinen Platz in der Beziehung erarbeitet, kann den anderen akzeptieren und seine Eigenheiten tolerieren. Machtkämpfe gibt es kaum noch.

Allerdings hat auch das Herzklopfen aufgehört – es ist einer tiefen Vertrautheit gewichen, einem Gefühl der Verbundenheit, das weiter reicht als nur in diese gegenwärtige Existenz. Die Gewißheit, einen Menschen an seiner Seite zu haben, mit dem man sein Leben geteilt und viele Aufgaben gelöst hat, macht ruhig und zufrieden. Alte Paare, die liebevoll miteinander umgehen, die Harmonie und ruhige Gelassenheit ausstrahlen, sind leider viel zu selten zu beobachten. Dagegen bevölkern Paare, bei denen der eine kommandiert und der andere es schon längst aufgegeben hat, noch etwas zu sagen, das Straßenbild. Unser Ziel sollte es sein, die Liebe zu pflegen und am Leben zu erhalten, so daß wir im Alter zufrieden und voller Dankbarkeit auf die Vergangenheit zurückblicken können.

Scheuen Sie sich deshalb nicht, mit dem geliebten Menschen über Ihre Gefühle zu sprechen. Sie zeigen damit Ihrem Partner auch, daß Sie an ihm interessiert sind. Überprüfen Sie Ihr eigenes Verhalten, fragen Sie sich, ob Sie Ihrem Partner ein guter Partner sind, ob Sie nicht in starren Verhaltensschemata gefangen sind. Nehmen Sie die Herausforderung an, wenn Sie eine Veränderung im Verhalten Ihres Partners bemerken. Leben und lieben Sie bewußt. Jede Situation gibt Ihnen Gelegenheit, sich selbst am Geschehen zu beteiligen; jedes Problem beinhaltet bereits die Lösung.

Sexualität

Die Schlagzeilen der Zeitschriften und Magazine, aber auch die enorme Anzahl der Buchtitel, die sich mit Sexualität befassen, lassen vermuten, daß wir die sexuelle Freiheit erreicht haben. Doch welch ein Irrtum! Selten gab es so viele sexuelle Probleme wie heute: Laut Untersuchungen vom Anfang der 90er Jahre leidet etwa ein Drittel der Deutschen an sexuellen Störungen.

Fast möchte man neidvoll auf die Tiere blicken, denn bei ihnen ist alles ganz einfach. Hier geht es allein um die Fortpflanzung – nur bestimmte Zeiten sind dafür geeignet, ansonsten spielt dieser Trieb keine Rolle. Der Mensch hingegen ist an keine bestimmten Termine gebunden – und er hat Spaß am Sex! Und gerade das macht die ganze Angelegenheit so kompliziert. Sexualität ist nicht zu trennen von der Persönlichkeit, was zu großer Unsicherheit führen kann. Stark beeinflußt von Prägungen in ihrer Kindheit, haben viele Menschen große Scheu, ihre sexuellen Bedürfnisse überhaupt kennenzulernen, geschweige denn sie zu akzeptieren und auszuleben. Verbote der Eltern wie ,,das darfst Du nicht", ,,das ist schlecht" oder ,,davon wirst Du krank" haben sich tief ins Unterbewußtsein gegraben. Und die schärfsten Witze werden meist von solchen Menschen gemacht, bei denen ansonsten nicht viel läuft.

Die ,,sexuelle Revolution" hat nur bewirkt, daß die bisher im verborgenen schlummernden sexuellen Probleme nun ans Tageslicht gezerrt wurden. Das Resultat ist, daß jeder, der den neuen Ansprüchen nicht gerecht wird, sich sogleich als Versager fühlt. Diejenigen, die bisher mit ihrem Liebesleben zufrieden waren, werden nun von Zweifeln befallen. Kann es denn noch normal sein, nur einmal in der Woche miteinander zu schlafen? Verunsicherung und Leistungsdruck machen sich in den Schlafzimmern breit. Sex wird als Ware angeboten, und der moderne Mensch spricht ganz cool und lässig von den multiplen Orgasmen, die wie ein PS-starkes Auto heute zum ,,Muß" eines modernen, erfolgreichen Menschen gehören. Das Bett ist nicht mehr zum Vergnügen da, jetzt ist Leistung gefordert. Von den Auswirkungen können Therapeuten und Ärzte ein Lied singen . . .

Eigentlich sollte Sex kein Problem sein, wenn jeder nach seinen eigenen Bedürfnissen dieses lustvolle Gefühl auslebt. Lernen müssen wir dabei sicherlich, der Sexualität in unserem Leben den für uns richtigen Stellenwert zu geben. Das hängt von den eigenen Bedürfnissen, den Lebensumständen und vom Alter ab. Hinzu kommt, daß Männer und Frauen häufig unterschiedliche sexuelle Vorstellungen und Wünsche haben. Sex ist wichtig, denn der Mensch ist ein sexuelles Wesen mit der Fähigkeit, Lust zu empfinden. Aber erst in Verbindung mit der Liebe – dem Gefühl, das die Lebenskraft weckt und im Fluß hält – wird Sexualität zu einem der wichtigsten Fundamente für ein erfülltes Leben.

Die Vereinigung von körperlicher und seelischer Liebe, wie wir sie aus dem Tantra kennen oder wie sie die Inder als Kundalini, als Lebensenergie, in sich aufsteigen ließen, versetzt uns in die Lage, Erfüllung in der Sexualität zu finden. Dann ist Sex nicht mehr gleichbedeutend mit der Anzahl der Orgasmen oder einem Griff an den Po oder den Busen, sondern er bedeutet, einander in die Seele zu blicken.

Welchen Stellenwert die Sexualität für Sie einnimmt, können nur Sie allein bestimmen. Und was ist Sexualität für Sie? Ist sie ein Ausgleich für den harten Kampf im Berufsleben, brauchen Sie den Beischlaf zur Entspannung, oder fühlen Sie sich beim Sex als der Überlegene, gibt Sex Ihnen Macht und Selbstbewußtsein oder die Ge-

legenheit, mit allen Sinnen zu lieben? Wenn Sie sich erkennen wollen, wenn Sie Ihr Liebesleben erfüllter und
reizvoller machen möchten, kommen Sie nicht umhin,
sich über Ihre wahren Gefühle und Beweggründe klar
zu werden.

Beginnen Sie erst einmal bei sich selbst, indem Sie sich
folgende Fragen beantworten:

- Ist Sex überhaupt wichtig für mich?

- Warum brauche ich Sex?

- Wann und wie habe ich es am liebsten?

- Was empfinde ich dabei?

- Mit wem spreche ich über meine sexuellen Wünsche?

- Lebe ich meine Bedürfnisse aus?

- Habe ich genügend Sex in meinem Leben?

- Wie fühle ich mich nach der körperlichen Liebe?

- Gebe ich mich ganz hin?

- Macht mich Sex glücklich?

Liebe ohne Sex

Vielleicht wegen Aids, vielleicht aber auch als eine Art
Gegenzug zur Vermarktung der Sexualität gibt es immer mehr Menschen, die sich zu einem Leben in Liebe,

aber ohne Sex bekennen. Die Gründe dafür können vielfältig sein. Manche Menschen etwa haben eine unglückliche Partnerschaft noch nicht verarbeitet und konnten schlechte Erfahrungen noch nicht loslassen. Sie brauchen Zeit, um zu sich selbst zu finden und neues Selbstwertgefühl aufzubauen. Erst dann können sie sich auch körperlich wieder für einen Partner öffnen. Andere Menschen wiederum konzentrieren sich voll auf den Beruf oder ein Hobby und finden darin die Befriedigung, die sie benötigen. Es gibt auch Paare, die sich bewußt für eine Liebe ohne Sex entscheiden und die mit dieser Entscheidung glücklich sind. (Siehe auch das Stichwort *Platonische Liebe*)

Paare, bei denen einer der Partner aus gesundheitlichen oder körperlichen Gründen keinen Sex ausüben kann, entwickeln Methoden, auch ohne die körperliche Vereinigung Befriedigung zu erfahren.

Sofern sich zwei Gleichgesinnte treffen, werden damit wohl keine größeren Probleme entstehen. Schwierig wird es dann, wenn der eine sehr körperlich orientiert ist, während der andere Sex als lästige Pflicht betrachtet. Ob es einen gangbaren Mittelweg gibt, können nur die Betroffenen herausfinden. Auch wenn die Anschauungen und Gefühle nicht so extrem sind, ergeben sich überall dort Spannungen, wo sexuelle Praktiken und Wünsche differieren. Eine Trennung von Liebe und Sex – heute als modern propagiert – kann nicht die Lösung sein. Wer seine sexuellen Bedürfnisse außerhalb der Beziehung befriedigt, verletzt damit immer seinen Partner, denn Sexualität hängt eng zusammen mit dem Gefühl, vom anderen angenommen zu werden. Wer auf so intimer Basis einen anderen Partner nimmt, weist seinen eigenen Partner zurück. Da helfen auch nicht die Argumente „er/sie will ja schließlich nicht" und „es geht doch nur um die sexuelle Befriedigung".

Liebe umfaßt den ganzen Menschen und kann deshalb nicht getrennt werden in die verschiedenen Bereiche – hingegen kann das bei einer Zweckgemeinschaft durchaus funktionieren.

Sex in der Ehe

Wie bei der Verliebtheit, so beim Sex. Am Anfang ist es wie ein Rausch. Die Neugierde ist groß – auch das Begehren. Nach einigen Jahren sieht der Alltag schon etwas anders aus. Wir sind müde und abgespannt von den Anforderungen im Beruf und bei der Kindererziehung, suchen Ruhe und Erholung. Und den Partner kennen wir so gut, daß die Reizschwelle inzwischen recht hoch liegt. Wenn wir jetzt zusammen schlafen, ist es zwar angenehm, aber das große Glücksgefühl, die elektrische Spannung, die früher unseren Körper vibrieren ließ, ist nicht mehr da. Die Anstrengung erscheint manch einem zu groß, das zärtliche Zusammensein wird auf ein Minimum reduziert. Da man sich so gut kennt und genau weiß, auf welche Berührung der Partner reagiert, braucht man sich auch nicht mehr viel Mühe zu geben. Langsam gerät die Sexualität in eine Sackgasse. Erst fällt es gar nicht so auf. Aber die Gesichter werden griesgrämiger, die Laune schlechter und der Umgangston gereizter. Das sind bedenkliche Signale, die Sie nicht übersehen sollten.

Es gibt gar keinen Grund, warum Sexualität nach einigen Jahren nur noch Routine sein sollte. Nicht der Sex wird langweilig – Sie selbst machen die Sexualität zur Routine und damit langweilig. Dabei muß es doch nicht immer gleich ein neuer, unbekannter Partner sein, der zum Liebesspiel anregt.

Was geht denn so in Ihrem Schlafzimmer vor? Lassen Sie dort noch neue Erfahrungen zu? Apropos Schlafzimmer – es muß nicht immer das Bett und auch nicht immer die Nacht sein! Wann haben Sie zuletzt Ihren Partner bewußt zärtlich gestreichelt? Wann haben Sie ihn genau betrachtet, seinen Körper Zentimeter für Zentimeter neu er-fühlt? Warum muß immer alles nach dem gewohnten Programm ablaufen? Und wieso erwarten Sie, daß der andere den ersten Schritt tut, daß er Ihre geheimen Wünsche errät? Werden Sie selbst aktiv, sagen und zeigen Sie, was und wie Sie es möchten.

Wenn Sie nicht zufrieden sind, dann ist jetzt die beste Gelegenheit, Ihrer Liebe neue Impulse zu geben. Im Arbeitsteil dieses Buches finden Sie praktische Anregungen für Sie und Ihren Partner.

Trennung

Nichts erscheint schmerzvoller für einen Liebenden als der Gedanke, den Geliebten zu verlieren. Trennung ist gleichbedeutend mit der Beendigung eines Lebensabschnittes. Trennung muß aber nicht nur negative Empfindungen hervorrufen, sie kann befreiend wirken und neue Energien freisetzen. Bei Beziehungen, die eigentlich schon gestorben sind, nur noch aus Routine bestehen oder in denen jedes Gespräch zu einem Streitgespräch wird, ist es notwendig, auch äußerlich ein Ende zu finden. Eine solche Entscheidung dient beiden Partnern. Jeder kann sich wieder neu orientieren, kann sich auf das Wesentliche besinnen, kann seine Kräfte für die eigenen Ziele einsetzen. Anhaltende negative Spannungen sind zermürbend, entkräftend und reduzieren die Lebensfreude.

Wenn Ihre Beziehung nicht mehr in Ordnung ist, die Versuche einer Wiederbelebung gescheitert sind, dann sollten Sie sich nicht scheuen, eine Entscheidung zu treffen, nach dem Motto „Lieber ein Ende mit Schrecken als ein Schrecken ohne Ende". Ein Verlust ist immer schmerzhaft, doch nur die Krisen lassen uns reifen. Entscheidend ist, wie wir mit einer solchen Krise fertig werden.

Machen Sie sich einen Krisenplan. Sie haben die Entscheidung getroffen, sich von Ihrem Partner zu trennen. Es reicht nicht, auszuziehen und die Tür hinter sich zu schließen. So einfach kommen Sie weder von Ihrem Partner noch von der gemeinsamen Zeit los. Ein Aufarbeiten der Vergangenheit ist angesagt. Sie wollen ja schließlich aus Ihren Erfahrungen lernen, wollen frei von altem Ballast in eine schönere Zukunft gehen.

Vielleicht haben Sie sich ganz einfach einen falschen

Partner ausgesucht, weil Sie sich einsam fühlten und er/sie so lieb und kuschelig war. Sie haben also eine falsche Entscheidung getroffen. Und wie bei manchem Würfelspiel bringt dieser Fehler Sie zurück zum Ausgangspunkt. Sie haben neue Gewinnchancen.

Lassen Sie es erst gar nicht so weit kommen, daß Sie mit Marie von Ebner-Eschenbach übereinstimmen:

> *Die Ehe ist ein Zustand, in dem es zwei Leute weder mit noch ohne einander längere Zeit aushalten.*

Wieder hilft Ihnen der *Drei-Stufen-Plan* bei der Entscheidungsfindung:

1. Ursachenforschung:

Warum sind Sie in diese Lage geraten? (Ursache – Wirkung)

2. Loslassen der Vergangenheit in Liebe:

So werden Sie frei für die Zukunft.

3. Neue Ziele finden:

Wählen Sie aktiv Ihren Weg in die Zukunft.

Sie sollten weder sich noch Ihrem Partner Vorwürfe machen, weil Sie einem Irrtum unterlegen sind. Verzeihen Sie sich selbst, bitten Sie Ihren Partner um Verzeihung, und lassen Sie ihn in Liebe los. Seien Sie dankbar für die gemeinsamen Erfahrungen. Sie sind reicher geworden und in Ihrer Entwicklung weitergekommen. Freuen Sie sich, daß Sie dieses Stadium erreicht haben, und verfallen Sie nicht in den Fehler, sich zu bemitleiden.

Verlust des Partners durch Tod

Wenn Ihr Liebes- und Lebenspartner stirbt, dann ist die Situation in vieler Hinsicht ganz anders. Sie haben keine eigene Entscheidungsmacht, können nicht selbst aktiv handeln, sondern müssen lernen, anzunehmen und zu akzeptieren. Vor allem sollten Sie sich bewußt werden, daß körperliche Trennung nicht gleichzeitig den völligen Verlust des geliebten Menschen bedeutet. Es ist das Anliegen dieses Buches, Ihnen zu helfen, Ihr Bewußtsein zu erweitern. Sie werden eine andere Ebene der Existenz kennenlernen, wenn Sie alte Pfade verlassen und sich öffnen für die neue Weite. Sie werden dann nämlich auch erfahren, daß der Tod nicht das Ende der Existenz ist. Auf geistiger Ebene bleiben Sie auch weiterhin mit dem geliebten Menschen verbunden.

Wenn Ihr Partner stirbt, so haben Sie – wie immer im Leben – die Wahl: Sie können verzweifeln, weil Sie den Sinn Ihres Lebens nicht mehr erkennen, können sich weigern, an eine Zukunft zu glauben, können sich Vorwürfe machen, weil Sie dies oder jenes unterlassen und Fehler gemacht haben.

Sie können aber genausogut dankbar sein für die Zeit,

die Sie mit Ihrem Partner verbringen durften, für die guten wie auch die schlechten Erfahrungen. Wenn Sie die Erkenntnis verinnerlicht haben, daß der Sinn Ihres Lebens nicht in einem anderen Menschen liegen kann, dann können Sie ihn auch durch den Verlust des Partners nicht verlieren. Es mag durchaus Ihre Lebensaufgabe sein, einen großen Teil des Lebens allein zu gehen. Wenn Sie lernen, dies anzunehmen und Ihren Partner, seine körperliche Existenz, in Liebe loszulassen, dann können Sie Ihre Aufgabe eher erfüllen.

Arbeiten Sie die Vergangenheit auf, so daß Sie Ihre Erinnerungen Stück für Stück loslassen können. Das ist keinesfalls gleichzusetzen mit ,,Vergessen'' oder gar ,,Verdrängen''. Dieser Loslösungsprozeß bedeutet viel Arbeit, im Lauf der Zeit gewinnen Sie neue Erkenntnisse, sehen neue Werte. Machen Sie sich keine Vorwürfe, wenn Sie heute glauben, daß Sie nicht immer richtig gehandelt haben. Bedenken Sie, daß Sie inzwischen viel gelernt haben und die Dinge jetzt anders beurteilen. Damals haben Sie entsprechend Ihrem damaligen Wissensstand gehandelt, sie konnten es nicht besser machen. Also − lernen Sie aus den Erfahrungen, und schauen Sie nach vorn. Das, was geschehen ist, können Sie nicht mehr ändern.

Ebenso wie bei einer selbst herbeigeführten Trennung eröffnen sich neue Möglichkeiten, die Zukunft zu gestalten. Manches, was Sie bisher nicht tun konnten, steht Ihnen nun frei. Sie haben möglicherweise mehr Zeit für sich, können Ihre Talente verstärken und bestimmt das eine oder andere tun, was Sie sich bisher versagen mußten. Ein Lebensabschnitt ist zu Ende, wagen Sie den Schritt in das nächste Lebenskapitel — haben Sie Mut!

Liebe im Alltag

Die wirkliche Liebe beginnt,
wo keine Gegengabe mehr erwartet wird.
(Antoine de Saint-Exupery)

Liebe bezieht sich nicht allein auf einen Partner, Liebe gehört in jeden Lebensbereich — nicht nur in die Familie, auch an den Arbeitsplatz, zum Sport, zum Einkaufen und zu jeder Aufgabe, die wir angehen.

Wer sich selbst liebt, wer das Leben liebt, der kann nicht umhin, seine Mitmenschen in diese Liebe einzubeziehen. Es ist zwar das Ziel der großen Religionen, alle Lebewesen einschließlich seiner Feinde zu lieben; doch die Realität sieht meist anders aus. Unser Wohlstand, der eigentlich Zufriedenheit und Harmonie wachsen lassen könnte, führt genau zum Gegenteil. Bestimmt bemerken Sie, daß viele Menschen gereizt, unfreundlich und keineswegs liebevoll mit ihren Mitmenschen umgehen. Im Bus wird gedrängelt und geschubst, beim Einkaufen geschimpft, im Büro werden Intrigen geschmiedet. Wie wohltuend ist es da, Menschen zu begegnen, die noch lächeln können, die geduldig und verständnisvoll sind, die Harmonie und Liebe ausstrahlen.

Denken Sie über sich nach – wie verhalten Sie sich im Alltag, im morgendlichen Gedränge in der U-Bahn, bei Ihren Mitarbeitern? Wie, glauben Sie, wirken Sie auf andere Menschen?

Wenn Sie die Ausstrahlung Ihrer Freunde in Farben ausdrücken müßten – wobei helle Farben eine positive Aura, dunkle Farben eine negative Ausstrahlung zeigen –, mit welchem Menschentyp haben Sie es überwiegend zu tun? Welche Farbe würden Sie sich selbst geben?

Leben Sie in einem dunkelfarbigen Umfeld, dann ist es besonders schwierig, sich selbst seine helle Farbe zu erhalten. *Fazit:* Umgib Dich mit dem, was Dir gemäß ist. Suchen Sie sich einen anderen Wirkungskreis – Ihre Umgebung ist nicht passend für Sie, entspricht nicht Ihrem Wesen.

Möglicherweise sind Sie verwundert, wenn wir von der Liebe im Alltag sprechen. Sie fragen sich vielleicht, wie soll das funktionieren? Für viele Menschen ist der Begriff Liebe immer noch verbunden mit einem Partner, mit dem das Leben geteilt wird, bestenfalls noch mit der Familie. Dann aber hört die Liebe schon auf. Doch das muß nicht sein. Achten Sie einmal auf die positiven Eigenschaften der Menschen, die Ihnen begegnen: der Busfahrer, der extra auf Sie wartet, die Verkäuferin, die Ihnen geduldig 5 x 50 g Wurst abwiegt, oder auch der Fremde, der Sie an der Straßenampel anlächelt – einfach so. Auch das gehört zum Wirkungskreis der Liebe – der Menschenliebe. Lassen Sie Ihre Liebe oder – wenn Ihnen ein anderes Wort besser gefällt – Ihre Sympathie allen Menschen zukommen, die

Ihnen begegnen. Lächeln Sie ruhig auch einmal als erster, grüßen Sie und öffnen Sie Ihre Augen und Ihr Herz für das, was um Sie herum geschieht. Wir garantieren Ihnen, daß Sie Überraschungen dabei erleben!

Betrachten Sie auch in der Fabrik, im Büro oder am Bau Ihre Kollegen mit einem liebevolleren Blick. Vielleicht ist Ihre Sekretärin gar nicht schlecht gelaunt, sondern sie ist unglücklich; vielleicht kommen die tiefen Furchen im Gesicht Ihres Arbeitskollegen nicht von schlechter Laune, sondern sind Anzeichen einer chronischen Krankheit. Schauen Sie alle Menschen so an, als würden Sie sie heute zum ersten Mal sehen. Werfen Sie die alten Bilder und Vorstellungen über Bord, vergessen Sie einmal die Erfahrungen, die Sie schon mit ihnen gemacht haben.

Wenn Sie Ihrer Rivalin auf dem Flur begegnen, dann sehen Sie diesmal keine Konkurrenz in ihr, sondern einfach eine attraktive Frau. Konkurrenz gibt es nämlich sowieso nicht. Jeder ist in seiner Weise einzigartig. Wird die Kollegin vorgezogen, so kann das verschiedene Gründe haben: Sie haben nicht die Ihren Fähigkeiten entsprechende Position; Sie vermitteln durch Ihr Verhalten einen falschen Eindruck, Sie beurteilen möglicherweise die ganze Situation nicht richtig. Finden Sie die wahren Ursachen, und ziehen Sie die Konsequenzen, nutzen Sie neue Chancen, die sich aus solchen Erkenntnissen ergeben. Jede Lebenssituation ist eine Lektion, die Sie lernen sollten, um sich zu verbessern – oder Sie wiederholen die Lektion so lange, bis Sie sie gelernt haben –, erst dann können Sie diese Stufe hinter sich lassen.

Wenn wir zu sehr auf unser kleines „privates"
Glück — die Zweierbeziehung — fixiert sind, dann be-
rauben wir uns selbst der Möglichkeit, ein erfülltes Leben in Liebe zu leben. Wir suchen Liebe, weil wir geliebt werden wollen. Unbewußt richtet sich unsere Sehnsucht auf die Erfahrungen aus unserer Kindheit, als wir
geliebt wurden — so wie wir waren. Wir waren Mittelpunkt, waren umsorgt, fühlten uns geborgen und sicher.
Wie gerne würden wir uns dieses Gefühl ein Leben lang
erhalten. Die Liebe der Mutter war jedoch nur eine Art
„Vorschuß" an Gefühl, ein Geschenk des Lebens an
den einzelnen, gewissermaßen der Grundstock an Liebe,
um selbst ein Leben lang Liebe geben zu können.

Leben in Liebe — das ist ständiges Geben und Nehmen. Vergleichen wir Liebe mit einer Berghütte, in der
nur das vorhanden ist, was der einzelne mitbringt. Es
ist ein Zeichen geistiger und seelischer Reife, sein Stre-
ben nicht mehr darauf zu richten, geliebt zu werden und
Liebe zu erhalten, sondern zu lieben — die passive Rolle
des Geliebt-werdens in die aktive Rolle des Liebenden
zu verwandeln. Wenn Sie nicht mehr darauf bedacht
sind, geliebt zu werden, sondern Liebe zu verschenken,
dann leben Sie ein erfülltes Leben. Sie sind nicht mehr
davon abhängig, daß andere Sie lieben — Ihre Befriedigung liegt in der aktiven Liebe, im Geben. Dann werden Sie auch um Ihrer selbst willen geliebt — es beglückt
Sie, aber es ist nicht mehr von existentieller Bedeutung;
es ist ein Geschenk. Und weil Sie nun innerlich frei sind,
die Liebe anderer nicht zum Leben brauchen, Ihr Lebensglück nicht mehr davon abhängt, gerade deshalb

machen Sie die Liebe überhaupt erst möglich. Erinnern wir uns: Liebe kann nur in Freiheit gedeihen.

Der beste Ansatzpunkt, Liebe zu erlernen, zu üben und zu praktizieren, ist die eigene Familie. Einfach ist es, weil Ihnen Ihre Familienmitglieder vertraut sind — schwierig wird es, weil Sie sich so gut kennen. Gerade dies erweist sich oft als ein gravierender Nachteil, weil zwangsläufig jeder von jedem schon einmal verletzt worden ist und weil gewisse Verhaltensweisen scheinbar vorprogrammiert sind. Aber das sollte Sie nicht davon abhalten, gerade in Ihrem engsten Kreis damit anzufangen, Liebe zu leben. Liebe ist eine Kunst, die — wie andere Fähigkeiten auch — erlernt und ständig geübt werden muß.

Liebe als Single

Die Anzahl der Single-Haushalte ist im ständigen Wachsen begriffen. In manchen Großstädten liegt der Anteil der Ein-Personen-Haushalte bereits bei über 50 Prozent, und die Tendenz ist weiterhin steigend. Wie soll die Liebe im Leben des Alleinstehenden praktisch aussehen? Schlagzeilen machen die „hungrigen Wölfe, die nachts durch die Bars streifen", „die flotten Single-Frauen, die durchgestyled auf Anmachetrip gehen" oder die immer wieder so gern aufgegriffene „freie Liebe" sowie die „one-night-stands". Themen mit einem solchen Tenor kommen beim Publikum gut an, heben die Auflagenzahlen der Blätter und tragen dazu bei, ein weitverbreitetes Vorurteil zu festigen. Ganz abgesehen davon, daß ein hoher Prozentsatz der Alleinstehenden alte Menschen sind, sieht das Leben des Singles meist nicht so rosig und aufregend aus, wie es die Presse glauben machen möchte.

Gerade Alleinstehende haben ihre ganz besonderen Schwierigkeiten, speziell mit der Liebe. Das beginnt schon damit, daß natürlich auch die vielgerühmte Freiheit ihren Preis hat – nämlich die Einsamkeit. Viele Menschen fühlen sich allein, ziehen sich nach der Arbeit in ihre vier Wände zurück und sind nicht in der Lage, die Vorteile ihrer Situation auch zu nutzen. Sie möchten genau das, was andere haben, nämlich eine Familie. Anstatt die Vorzüge des Alleinseins für eine geistig-seelische Weiterentwicklung zu erkennen und ihre Situation annehmen zu lernen, bedauern sie sich lieber selbst und suchen Erfüllung, die von außen kommen soll.

Wegen der negativen Erfahrungen ist die Angst vor weiteren Enttäuschungen groß, das Mißtrauen wird mit den Jahren des Single-Daseins immer größer, und innere Verhärtungen nehmen zu. Bei den Bestrebungen, sich seine Unabhängigkeit zu bewahren, gerät man leicht in eine falsche Richtung. Wer nicht gelernt hat, Rücksicht zu nehmen, sich zu öffnen für die Belange anderer, und nicht auch einmal verzichten kann, wird schwerlich Freunde finden. Wer dann auch noch allein lebt, nur seine eigenen Wünsche und Bedürfnisse erfüllt und das Ego übermächtig werden läßt, muß sich nicht wundern, wenn kein Raum mehr für die Liebe bleibt.

Wie sehr derartige Verhaltensweisen sich ausbreiten, ist schon an kleinen alltäglichen Begebenheiten ersichtlich. Selbst so unwesentliche Dinge wie eine Verabredung werden bei diesem Menschentypus zum Problem. Heißt es da nicht oft „Wir telefonieren noch einmal"? Schließlich könnte es ja sein, daß in der Zeit bis zur Verabredung noch jemand anruft, der etwas Besseres anzubieten hat. Oder man weiß jetzt noch nicht, ob man am nächsten Dienstag überhaupt in Stimmung für einen Plausch ist. Wer sich für diese Lebensart der Unverbindlichkeit entschieden hat, legt den Grundstein für Unzufriedenheit und Einsamkeit.

Innere Zufriedenheit entsteht nicht, weil man immer nur seine eigenen Wünsche und Ideen auslebt – die Befriedigung kommt mit der Lösung der Lebensaufgaben. Und es ist gewiß nicht die Aufgabe unseres Seins, nur nach unseren – meist sogar recht oberflächlichen – Bedürfnissen zu leben. Unser Verhalten spiegelt unsere Entwicklungsstufe wider: Ganz unten schreit das *Ich* nach der Befriedigung seiner Wünsche, während wir am oberen Ende der Skala das kleine Ego sehen – aufgegangen im *Du* oder im *Wir*.

Die Liebe zu sich selbst, die Bereitschaft, für den anderen dazusein, die Freude im Geben suchen – das sind Möglichkeiten, Erfüllung zu finden. Hier unterscheidet sich der Single nämlich gar nicht von den Menschen, die in Partnerschaft oder in einer großen Familie leben. Jeder kann nur das geben, was in ihm selbst vorhanden ist. „Aber wem soll ich es geben?" fragt der Alleinstehende nun vielleicht. Warum nicht Ihrem Nachbarn, Ihrem Arbeitskollegen, warum engagieren Sie sich nicht für eine soziale Aufgabe?

Gerade Menschen, die allein leben, blicken oft mit Trauer (und manchmal auch mit Neid) im Herzen auf die Paare, fühlen sich dadurch noch einsamer und zweifeln an sich und an ihrer Fähigkeit, einen geeigneten Partner anzuziehen. Alles im Leben hat seine Zeit. Nicht jedes Paar, das Sie eng umschlungen sehen, ist auch glücklich. Lassen Sie sich nicht täuschen von einem oftmals trügerischen Äußeren. Nicht umsonst gibt es so viele Bücher zum Thema ,,Partnerprobleme''. Ihre Einstellung zu Ihrer Situation ist das Entscheidende.

Wer alleine lebt − ob freiwillig oder gezwungenermaßen −, kann Vorteile aus dieser Lage ziehen, wenn er die geistigen Gesetze kennt und anwendet. Finden Sie heraus, warum Sie allein sind, denn in der Antwort wiederum erkennen Sie Ihre Lebensaufgabe. Und dies führt uns wieder zum Kernpunkt zurück − zur Liebe. Uns allen ist es gegeben zu lieben − wer dies nicht tut, der entzieht sich seiner Aufgabe. Enttäuschungen, zu hohe Erwartungen, Angst vor Einschränkungen, sogar der Verlust geliebter Menschen entbinden uns nicht von dieser Verpflichtung. Jeder von uns durchläuft verschiedene Entwicklungsstadien, wobei diese Entwicklung nicht in allen Bereichen gleichmäßig vonstatten geht. Die geistigen Fähigkeiten können beispielsweise auf einer hohen Entwicklungsstufe stehen, weil sie trainiert wurden, während hingegen die seelische Entwicklung in der kindlichen Phase stehengeblieben sein kann. Das Gesetz der Entwicklung fordert, alle vorhandenen Anlagen zu entwickeln und zu nutzen. Es ist nicht leicht, überhaupt den eigenen Standort auszumachen, aber die Mühe lohnt sich. Denn erst die Ausgewogenheit von Geist, Seele und Körper kann zu Harmonie führen. Harmonie ist untrennbar verbunden mit Liebe.

Lernen Sie sich richtig kennen, finden Sie die Mißverhältnisse in Ihrer Geist-Körper-Seele-Beziehung heraus. Arbeiten Sie als Ihr eigener Entwicklungshelfer für die noch unterentwickelten Bereiche in Ihrer Persönlichkeit. Machen Sie sich ein richtiges Programm, damit Sie auch Ihre Fortschritte beobachten können.

Eine der wichtigsten Voraussetzungen dabei ist das Wissen um Ursache und Wirkung, um den engen Zusammenhang zwischen Innen- und Außenwelt. Alles, was uns geschieht, ist Ausdruck unserer nach außen übertragenen inneren Einstellung. Unsere Lebensumstände sind nichts anderes als die Materialisierung unserer Gedanken, Vorstellungen und Gefühle. Was immer Ihnen passiert – es ist nicht dem Zufall zuzuschreiben. Durch Ihre momentane geistig-seelische Verfassung bewirken Sie Ihre augenblickliche Situation. Wir hören schon jetzt den entrüsteten Aufschrei: „Aber ich will ja gar nicht allein leben – ich habe schon so viel unternommen, um einen Partner zu finden. An mir kann das nicht liegen, es muß also mein Schicksal sein."

Ihr Schicksal sind Sie selbst! Ihre äußeren Umstände machen nur Ihre innere Einstellung sichtbar. Nehmen Sie als Beispiel: Wenn Sie keinen Fisch essen möchten, dann essen Sie keinen Fisch. Hier sehen Sie ganz deutlich das Resultat Ihrer Einstellung. Schwieriger wird es bei den Gefühlen, weil wir die Ursachen oft nicht kennen. Wer die Fähigkeit zu lieben besitzt, der wird Liebe geben und erhalten. Wer dazu nicht in der Lage ist, wird sein Leben in unglücklichen Beziehungen oder in Einsamkeit verbringen. Die Erkenntnis von Ursache und Wirkung versetzt Sie in die Lage, die Ursachen zu ändern, um Ihr Leben nach Ihren Vorstellungen zu gestalten. Als Single sollten Sie prüfen, wie es um Ihre Einstellung wirklich aussieht. Unbewußte innere Schranken wollen wir meist nicht so gerne wahrhaben – doch nur das Wissen über uns und unsere wahre innere Haltung kann uns weiterbringen. Und wenn Sie ihr Single-Dasein ernsthaft beenden wollen, lohnt es sich dann nicht, diese Mühe auf sich zu nehmen, um endlich das Ihnen Gemäße zu bekommen?

Alles beruht auf dem Prinzip von Ursache und Wirkung. Das bedeutet nicht, daß eine Wirkung zeitlich auch sofort auf die Ursache folgen muß, und das macht es uns so schwer, die tatsächlichen Zusammenhänge zu erkennen. Erwarten Sie also nicht, daß auf ein nettes Wort sofort ein freundliches Echo folgt. Auf längere Sicht werden Sie aber die Zusammenhänge begreifen. Ehrlichkeit sich selbst gegenüber und konstante Arbeit werden Ihnen beweisen, daß liebevolles Verhalten Ihnen Liebe bringt.

Nehmen Sie jetzt einmal Ihre Single-Situation völlig an. Ohne Erfolgszwang und ohne Verbitterung über Ihre derzeitige Lebenslage können Sie viel besser an sich arbeiten. Finden Sie heraus:

- warum Sie allein leben,

- was Sie für die Zukunft wollen,

- warum Sie bisher Ihre Wünsche nicht realisieren
  konnten.

Schaffen Sie Ordnung und Klarheit in Ihren Gedanken und Gefühlen, lösen Sie sich von allem, was Sie belastet, und entscheiden Sie sich für einen Neuanfang. Nur wer frei ist von der Vergangenheit, kann sich mit seinen Gedanken und seiner Energie voll auf die Zukunft konzentrieren.

Hilfe, ich liebe einen gebundenen Partner

Wenn Sie mit einer solchen Situation zufrieden und glücklich sind, dann brauchen Sie dieses Kapitel gar nicht zu lesen. Wenn Sie allerdings deswegen von Depressionen heimgesucht werden, an Schlaflosigkeit leiden oder sich unwohl fühlen, sobald Sie Paare sehen, dann sollten Sie Ihre Vorstellungen von Liebe mit Ihrer persönlichen Realität überprüfen. Stellen Sie sich einmal vor, wie es wäre, wenn Sie in zehn oder zwanzig Jahren immer noch mit einem verheirateten Partner zusammen wären. Haben Sie sich so Ihr Leben, Ihre Liebe vorgestellt?

Kommen Sie hierbei zu dem Schluß, daß eine solche Situation ganz und gar nicht Ihren Wünschen entspräche, dann können Sie sofort die Konsequenzen ziehen.

Und zwar jetzt gleich – zögern Sie nicht, dasjenige in Ihrem Leben, das Ihnen nicht gefällt, zu ändern. Jeder Tag ist der erste Tag vom Rest Ihres Lebens! Und jeder Tag ohne Harmonie und Erfüllung ist ein verlorener Tag, der niemals wiederkehrt. Natürlich bedarf es solcher Tage, um zu erkennen, daß etwas nicht in Ordnung ist, und um herauszufinden, was Ihnen fehlt, was Sie sich aus tiefem Herzen wünschen – doch wenn Sie einmal dieses Wissen haben, dann ist es höchste Zeit, die Konsequenzen zu ziehen.

Wie steht es mit Ihrer Liebesfähigkeit? Ist es wirklich Liebe, was Sie empfinden, oder machen Sie sich etwas vor? Ist es Angst vor der Einsamkeit, fühlen Sie sich ohne Partner nicht vollwertig? Warum geben Sie sich mit einer Teil-Liebe, einer Teil-Partnerschaft und einem Teil-Partner zufrieden? Möchten Sie nicht mehr von ihm/ihr? Oder möchten *Sie selbst* nicht mehr geben als nur einen Teil Ihrer Liebe und Ihres Lebens? Wollen Sie lediglich die schönen Stunden, aber keine Verpflichtung? Gibt Ihnen ein verheirateter Partner das Gefühl, sich Ihre Unabhängigkeit zu bewahren? Wie sind Sie in diese Situation geraten? Entspricht dies Ihrer Vorstellung von Liebe, oder haben Sie Ihre Vorstellung Ihrer Situation angepaßt?

Was wollen Sie – heute und in Zukunft? Durch Ihre innere Einstellung wirken Sie auf Ihre Situation. Niemand anderer als Sie ist verantwortlich dafür, daß Sie am Wochenende allein sind, daß er/sie nur im Büro erreichbar ist und daß Sie sich oft verlassen fühlen. Doch warum haben Sie so gewählt?

Kommen Sie sich selbst auf die Schliche! Vielleicht helfen Ihnen dabei die folgenden Fragen:

- Wollen Sie lieber einen gebundenen Partner, weil Sie sowieso nicht an eine stabile Beziehung glauben?

- Ist ein verheirateter Partner besser als keiner?

- Meinen Sie, ihn/sie problemloser verlassen zu können als einen „freien" Partner, wenn Sie „etwas Besseres" finden?

- Wollen Sie lieber nur die angenehmen Seiten einer Beziehung, aber nicht den Alltag?

- Glauben Sie, daß Sie die Liebe auf diese Weise länger erhalten?

- Möchten Sie nur einen Teil von sich in eine Beziehung einbringen?

- Haben Sie Angst vor dem Alleinsein?

- Sind Sie glücklich in dieser Beziehung?

- Glauben Sie, daß Sie Ihren Partner wirklich lieben?

- Glauben Sie, daß Sie von ihm/ihr wirklich geliebt werden?

- Warum können Sie nicht zusammenleben?

- Warum möchten Sie nicht zusammenleben?

- Haben Sie Angst, ihn/sie zu verlieren?

Überprüfen Sie anhand unserer Fragen, wie es um Ihre innere Reife, um Ihre Fähigkeit zu lieben steht. Die Bedürfnisse eines geistig reifen Menschen können in einer Beziehung zu einem gebundenen Partner nicht befriedigt werden.

– Der geistig reife Mensch hat nämlich die Bereitschaft, den anderen wirklich kennenzulernen und ihn zu respektieren – so wie er ist, mit seinen Schwächen und Stärken.

– Eine enge Verbindung zu dem Partner läßt uns wachsen und reifen, die eigenen Stärken und Schwächen entdecken, neue Bereiche des eigenen Seins entwickeln und beinhaltet ein gemeinsames Glück.

– Der reife Mensch möchte einen Partner, dem er vertrauen und dem er sich anvertrauen kann, dem er seine Gedanken und Gefühle, seine Bedürfnisse und Sehnsüchte mitteilen kann. Er möchte sich an seinen Partner anlehnen und ist für seinen Partner in gleicher Weise da.

– Sein Ziel ist es, die eigene Individualität weiterzuentwickeln und in Liebe und voller Verständnis miteinander zu leben und umzugehen.

– Für den geistig reifen Menschen ist die Entwicklung seines Partners ebenso wichtig wie das eigene Wachstum. Er geht auf den anderen ein und ist für ihn da, ohne die eigene Identität dabei zu verleugnen oder zu verlieren.

– Der geistig reife Mensch ist bereit und fähig, die Verantwortung für das eigene Schicksal zu übernehmen und auch die Verantwortung für das gemeinsame Schicksal zu tragen.

– Er ist sich bewußt darüber, daß keine Partnerschaft für die Ewigkeit gemacht ist und daß jede eines Tages beendet sein wird. Er weiß aber auch, daß dadurch weder seine Verantwortung noch seine Liebe beeinträchtigt werden. Er ist und bleibt dankbar für jeden Tag.

Demgegenüber stehen die Bedürfnisse, die Ausdruck innerer Unreife sind:

– Der Partner muß die eigenen Bedürfnisse erfüllen und immer dasein, wenn er gebraucht wird. Er sollte sich aber entfernen, wenn er gerade nicht gebraucht wird, da er die eigenen Pläne stört und beeinträchtigt.

– Der Partner soll genau der eigenen Vorstellung entsprechen. Wenn er nicht so ist, meint man, mit Recht enttäuscht, verärgert oder abweisend sein zu dürfen.

– Der Partner darf selbst keine Bedürfnisse haben, die man nicht billigt oder die irgendwie die eigenen Pläne oder Vorstellungen stören. Man macht zur Bedingung für eine Beziehung, daß er mag, was einem selbst gefällt.

– Es wird von ihm erwartet, daß er alle Wünsche intuitiv erfühlt und daß er weiß, was man will, ohne es extra sagen zu müssen — nach dem Motto: ,,Wenn Du mich wirklich lieben würdest, hättest Du es gewußt.''

— Der Partner muß so bleiben, wie er ist, er darf sich nicht verändern. Weder von seiner Entwicklung her noch körperlich, weil er dann nicht mehr dem Bild entspricht, das man sich von ihm gemacht hat.

— Er muß das eigene Sicherheitsbedürfnis erfüllen.

— Seine gesamte Aufmerksamkeit soll dem Partner gelten, er darf keine eigenen Interessen haben (und schon gar nicht für andere Menschen).

— Umgekehrt wird Verständnis von ihm für die eigenen Hobbys erwartet.

— Wenn er die Erwartungen nicht erfüllt, so hat man das Recht, ihn abzulehnen oder ihn mit Liebesentzug zu bestrafen.

— Auch hat man das Recht, den Partner jederzeit zu kritisieren, sich über ihn lustig zu machen und seine Fehler oder seine Besonderheiten auch in aller Öffentlichkeit zu erwähnen.

Wenn Sie sich Rechenschaft darüber geben, wie es um Ihre Fähigkeit zu lieben steht, werden Sie gleichzeitig auch über sich und Ihre Vorstellungen von einer Beziehung einiges Interessante erfahren. Eine Antwort auf die Frage, wie es mit Ihrer Beziehung weitergehen soll, wird dadurch leichter werden.

Kann man zwei Personen gleichzeitig lieben?

Die Liebe tritt in ebenso vielen Erscheinungsformen auf, wie es Menschen auf dieser Welt gibt. Die Vorstellung, daß der Mensch nur einen Partner lieben kann – und das möglichst noch das ganze Leben –, gehört in den Bereich der Träume. Als jung Verliebte hatten wir Vorstellungen wie Marianne, die noch heute mit ihren 53 Jahren erzählt, wie sehr es sie getroffen habe, als vor 30 Jahren ihr Mann im ersten Ehejahr zu ihr sagte: ,,Ich liebe Dich heute sehr, aber ich kann Dir nicht garantieren, daß ich Dich ein Leben lang lieben werde.'' Mit diesem Satz sei für sie damals eine Welt zusammengebrochen – eine Traum-Welt. Inzwischen hat auch sie erfahren, daß wir mit den Jahren immer mehr liebenswerte Eigenschaften auch an unseren Mitmenschen entdecken. Und aus Sympathie, Wohlwollen und Verständnis entwickeln sich dann oft Gefühle, die durchaus mit Liebe bezeichnet werden können.

Lesen Sie nur noch einmal den Abschnitt ,,Welche Arten der Liebe gibt es'' auf Seite 13. Es fällt uns nicht schwer, zu akzeptieren, daß Liebe gleichzeitig die Eltern, die Kinder und auch den Partner umfassen kann. Schwierig wird es erst, wenn eine Frau zwei Männer (oder ein Mann zwei Frauen) liebt. Dies erfordert höchste Toleranz und Liebe. Viele Menschen können zustimmen, daß jeder in seiner Art einzigartig und deshalb auch liebenswert ist. Wenn es jedoch um den eigenen Partner geht, der in einem anderen Menschen zu viel Liebenswertes entdeckt, so ist Selbstbewußtsein, Vertrauen und Zuneigung notwendig, um nicht verletzt, beleidigt oder wütend zu reagieren. Es ist für eine Partnerschaft eine der größten Herausforderungen, diese Situation zum Wohle aller Beteiligten zu lösen. Möglich ist dies, wenn die Erkenntnis verinnerlicht wird, daß die Liebe zu einem anderen nicht unbedingt auch die Liebe zur eigenen Person berühren muß, daß dadurch kein Verlust entstehen und die Gemeinsamkeit nicht beeinträchtigt sein muß.

Stärke, die von innen kommt, Reife und tiefe Zuneigung zu dem geliebten Menschen machen es möglich, diese Situation nicht nur aufzunehmen, sondern zu lernen und selbst daran zu wachsen.

Gibt es Menschen, die nicht lieben können?

Nein – jeder Mensch kann lieben! Allerdings ist es durchaus möglich, daß negative Erlebnisse in der frühen Kindheit und Jugend so gravierend waren, daß die Liebesfähigkeit nachhaltig blockiert wird. Aber auch spätere Enttäuschungen können dazu führen, daß sich der Betroffene mit einem Panzer gegen jede Art von Gefühl schützt. Im Lauf der Zeit erstarrt die Seele; Gefühllosigkeit, Kälte, Komplexe oder seelische Erstarrung sind die Folgen. Dann sollten durch eine Therapie alte negative Erfahrungen und Programmierungen aufgearbeitet und Selbsterfahrung geübt werden. Die Arbeit mit dem Mental-Training, mit Affirmationen und Entspannungsübungen unterstützt eine solche Behandlung.

Wenn die seelischen Verletzungen nicht zu tiefgreifend sind, kann jeder durch die Arbeit an sich selbst und mit Unterstützung von Seminaren die negativen Erfahrungen ver-arbeiten, loslassen und gleichzeitig lernen, sich zu akzeptieren und die eigenen Gefühle zuzulassen.

Wenn Sie glauben, nicht lieben zu können, dann arbeiten Sie erst einmal mit unseren Suggestionen und Kassetten an sich oder kommen einmal zu unseren Selbsterfahrungsseminaren. Wir helfen Ihnen dabei, sich neu zu entdecken, aus dem Zustand der Gefühllosigkeit herauszugelangen und Ihre Mitte zu finden.

Kann man zu sehr lieben?

Wenn Sie damit eine erfüllte Liebe meinen, so kann diese Frage verneint werden. Die Sucht nach Liebe allerdings, verbunden mit Selbstaufgabe und Abhängigkeit, ist nicht die Liebe, die wir meinen.

Liebe in unserem Verständnis heißt: Zuneigung, Verständnis und Hilfe, ohne Verlust der eigenen Identität, ohne Selbstverleugnung und ohne Beschränkung. Wer aus seiner Mitte lebt, durchlässig und frei ist, der kann aus seiner ganzen Seele, mit seinem ganzen Sein lieben, ohne sich dabei zu schwächen oder zu verausgaben. Wahre Liebe ist unendlich – deshalb kann sie grenzenlos verschenkt werden.

Die sogenannte Liebe, die sich nur aufopfert für den anderen, ist mehr eine Krücke für das eigene Ego als Liebe. Wenn Sie sich für Ihren Partner selbst aufgeben, dann sollten Sie sich schleunigst intensiv mit sich befassen, um die wahren Gründe für Ihr Verhalten zu entdecken. Dann besteht auch für Sie die Chance, lieben zu lernen – Ihrem Leben eine neue Dimension zu geben.

Kann man Lieben lernen?

Natürlich kann man lernen zu lieben, so wie man jede angeborene Fähigkeit unterstützen, ausbauen und vertiefen kann. Und wir freuen uns, daß Sie sich dazu entschlossen haben, dieses Potential in Ihnen zu verstärken, denn sonst hätten Sie bestimmt nicht nach diesem Buch gegriffen. Das Fundament der Liebe sind Sie selbst, verbunden mit dem Wissen um Ihre Persönlichkeit, Ihre Stärken und Schwächen. Erst wenn Sie mit sich im reinen sind, dann können Sie den nächsten Schritt wagen und Ihre Ziele fixieren. Sie können einen Teil Ihrer Liebe einer Lebensaufgabe schenken, einem Partner oder der Familie – der andere Teil Ihrer Liebe aber sollte dem Leben, der Menschheit, Ihrer Umgebung gelten.

Vom Ich zum Du – so könnte man die nächste Stufe beschreiben. Loslassen vom Ego und Hinwendung zum anderen, vom Nehmen zum Geben. Durchlässig werden, die Liebe Gottes durch sich selbst wirken lassen. Dieses höchste Ziel sollten wir alle anstreben, so daß wir in Harmonie mit uns, unserer Umwelt und dem gesamten Kosmos unserem Lebensziel – der Erfüllung – näher kommen.

Kapitel III
Auf der Suche nach Liebe

Der Traum vom Märchenprinzen oder: die Traumfrau

Träume dienen dazu, Erfahrungen aufzuarbeiten sowie der Realität zu entfliehen, aber auch um sich über eigene Wünsche klarzuwerden. Wenn Sie immer wieder den gleichen Traum haben, so sollten Sie dessen tiefere Bedeutung suchen. Entweder zeigt Ihnen der Traum unverarbeitete Konflikte, oder aber er macht Ihnen im Verborgenen schlummernde Bedürfnisse sichtbar. Auf jeden Fall lohnt sich die Auseinandersetzung mit Ihren Träumen.

Tagträume sind Ausdrucksformen tiefer Wünsche. Bewahren Sie sich ruhig Ihre Träume. Manchmal tut es richtig gut, sich in seine Traumwelt zurückzuziehen und die Gedanken und Gefühle − fern jeder Realität − schweifen zu lassen. Diese Ausflüge in die Phantasie sind geistige schöpferische Pausen, die jeder ab und zu braucht und die Ihnen guttun. Hüten Sie sich aber davor, sich mehr und mehr in Ihre Träume zu flüchten − leben Sie im Hier und Jetzt. Unterscheiden Sie in Ihren Träumen, was zu realisieren ist und was als kleine geistig-seelische Ruhe-Oase in Ihrer Phantasie weiter existieren kann, ohne Sie aber in Ihrem Leben zu behindern.

Ein Traum, den wir alle kennen, gilt einem Idealpartner. Welche Frau hat nicht von einem sensiblen, gutgläubigen, leidenschaftlichen Mann geträumt, der ihr noch dazu alle Wünsche von den Augen abliest? Und jeder Mann hat das Bild seiner Traumfrau parat: Blond, attraktiv gebaut und verführerisch. Genießen Sie diese Träume, aber erwarten Sie nicht, daß sich solche traumhaften Wünsche auch erfüllen. So angenehm der Gedanke auch sein mag, daß Eigenschaften und Aussehen des Traumpartners mit Ihren Vorstellungen übereinstimmen, so weit ist dieser Traum vom wirklichen Leben entfernt.

Menschen, die möglicherweise gut miteinander harmonieren könnten, lernen sich nicht einmal kennen, weil eine fixe Traumvorstellung dies verhindert. Sind Sie auf einen Traummann mit schwarzen Haaren abgefahren, übersehen Sie leicht einen blonden Typen − und damit vielleicht sogar Ihren idealen Lebens- und Liebespartner. Ja, Sie geben sich noch nicht einmal die Chance, andere Menschen überhaupt richtig kennenzulernen, wenn Sie Ihre Träume zu wichtig nehmen. Oder aber Sie haben jemanden kennengelernt, der Ihnen sogar ganz gut gefällt, leider paßt er nicht in Ihr Traumbild. Deshalb lassen Sie sich nicht auf ihn ein, setzen sich nicht mit ihm auseinander − nehmen die Gelegenheit nicht wahr, ihn zu erkennen. Sie ziehen sich lieber in Ihre Träume zurück. Dies ist ja unbestrittenermaßen auch einfacher, denn der Schöpfer Ihrer Träume sind Sie. Sie bestimmen, was der andere zu tun und zu lassen hat, Sie haben das Geschehen fest in der Hand, sind der Meister der Marionetten. Es geht alles nach Ihren Wünschen. Hierin liegt wohl der entscheidende Punkt. In der Wirklichkeit müssen Sie an sich arbeiten, müssen lernen und aktiv sein, sich Ihre Ziele erarbeiten – im Traum hingegen ist das alles leicht. Sie schnippen mit den Fingern und der andere tanzt nach Ihrer Pfeife. Bequemlichkeit läßt Sie immer wieder in Ihre Traumwelt fallen.

Geistige Reife ermöglicht uns die Unterscheidung zwischen Möglichem und Unmöglichem, zwischen Traum und Wirklichkeit, zwischen Schein und Sein. Jeder darf und soll träumen, aber es wird fatal, wenn die Grenze zwischen Traum und Realität verschwimmt. Wie viele unglückliche Beziehungen sind schon entstanden, weil sich jemand ausschließlich an seinen Träumen orientiert hat.

So hing Hans-Peter schon seit seiner Jugend seinem Traumbild von einem Rasseweib nach: Vollbusig, attraktiv und dynamisch. Hals über Kopf verliebte er sich in Ursula – sie entsprach genau seinem Typ. Er schwebte im siebten Himmel, war begeistert und glaubte, das große Glück gefunden zu haben. Die Ernüchterung ließ nicht lange auf sich warten. Ursula entsprach zwar äußerlich seiner Traumfrau, aber intellektuell war sie ihm nicht gewachsen, und mit der Treue nahm sie es auch nicht so genau. All dies merkte er erst, als er bereits verheiratet war. So schnell geheiratet wurde, so schnell waren die beiden auch wieder geschieden. Hans-Peter war bitter enttäuscht. Das sollte ihm nicht mehr passieren; er wollte künftig vorsichtiger sein. Trotzdem dauerte es seine Zeit, bis er gelernt hatte, Frauen so zu sehen und zu mögen, wie sie sind, und seine Träume als Träume anzunehmen.

Nach einigen Jahren wechselnder Freundschaften kann er heute eine harmonische Beziehung mit Katja genießen. Katja ist zwar attraktiv, entspricht aber so gar nicht seinem Bild vom Rasseweib – dafür ist sie verständnisvoll, zärtlich und eine echte Partnerin in jeder Situation. Auf seine erste Ehe angesprochen, lächelt er und meint, seine Erfahrung mit der Traumfrau habe ihn wach werden lassen und ihm erst bewußt gemacht, wie schön die Realität sein kann.

Bei Uta war das anders. Sie konnte sich nicht für einen Mann erwärmen. An jedem hatte sie eine Menge auszusetzen. Der eine war zu alt, der andere zu jung – einer hatte den falschen Beruf, der andere stellte zu hohe Erwartungen an sie. Sicherlich war sie öfters verliebt, aber immer nur für kurze Zeit. Schnell fand sie heraus, daß jeder mit einem Makel behaftet war – und das wollte sie nicht. Sie wollte einen Märchenprinzen für sich, der ihren Vorstellungen in jeder Beziehung entsprach. Es fiel ihr gar nicht auf, daß sich dieses Bild von einem Mann – so lange sie zurückdenken konnte – nie verändert hatte. Der Traummann ist immer noch jung, während sie schon langsam zu welken begonnen hat und die Jahre ihre Spuren in Geist und Körper hinterließen. Aber sie wartet auch heute noch auf den Prinzen, der sie wachküssen soll. Die Jahre vergehen und Uta sitzt nach wie vor in ihrem Traumschloß, an dem allerdings immer weniger Menschen anklopfen. Wenn sie den Rest ihres Lebens nicht auch noch mit vergeblichem Warten und unerfüllten Hoffnungen verbringen will, dann muß sie sich endlich von ihren Träumen verabschieden, muß die Realität akzeptieren. Für Uta wird dies ein schwieriger Prozeß.

Nehmen Sie sich Zeit und Muse für Ihre Tagträume; genießen Sie sie richtig. Sie beruhigen, versetzen in Hochstimmung und lassen Probleme für eine Weile vergessen. Doch machen Sie nicht Ihre Träume zum Maßstab für das ,,echte" Leben. Vergessen Sie nicht, daß auch Ihr(e) Partner(in) Träume hat. Leben kann nur im Hier und Jetzt geschehen. Stellen Sie sich dem Leben, sehen Sie die enormen Chancen, die Ihnen Ihr Partner bietet – gerade weil er nicht aus Ihrem Traummaterial gemacht ist. Wenn die Basis stimmt, dann können Sie zusammen aus Ihrem Leben einen Traum machen – das funktioniert weitaus besser als die Illusion von der Traumfrau oder dem Märchenprinzen, die früher oder später wie eine Seifenblase zerplatzt.

Warum immer der falsche Mann/die falsche Frau?

Haben Sie sich diese Frage auch schon öfters gestellt? Dann studieren Sie das vorhergehende Kapitel noch einmal genau. Und sind es nicht die Träume, die Sie zu dieser Frage veranlassen, dann sind es Ihre Ansprüche und Erwartungen an einen Partner. Fragen Sie sich einmal:

- Was heißt für mich Partnerschaft?

- Bin *ich* überhaupt ein richtiger Partner?

- Welchen Stellenwert hat eine Beziehung in meinem Leben?

- Was macht einen idealen Partner für mich aus?

- Welche Eigenschaften sollte er haben?

- Warum habe ich ihn/sie bisher noch nicht gefunden?

Oftmals erhoffen und erwarten wir von anderen Menschen genau das, was wir selbst nicht haben oder nicht können. Jemand, der anfällig ist für Seitensprünge, legt häufig den größten Wert auf die Treue seines Partners – sozusagen als eine Art Kompensation für die eigene Unfähigkeit. Wo bleibt da die Verantwortlichkeit für das eigene Leben, für das eigene Glück und die eigenen Handlungen? Sobald Sie verinnerlicht haben, daß der

Partner allein Sie nicht glücklich machen kann, sondern daß Sie selbst für sich und Ihr Glück zuständig sind, wird es Ihnen eher gelingen, Ihre Ansprüche zu relativieren und neue Schwerpunkte zu setzen.

Die Projektion auf den anderen bringt Sie in einen Teufelskreis: falsche Erwartung – Wahl des falschen Partners. Und sind Sie erst einmal in diesem Kreislauf, geraten Sie schnell in die Phase der Selbstbemitleidung. Und was ist dann einfacher, als die Verantwortung für die eigenen Fehler auf den anderen zu schieben?

– Ruhen Sie in sich, leben Sie in Harmonie mit sich selbst, mögen Sie sich, haben Sie Freude am Leben?

– Fühlen Sie sich verantwortlich für Ihre Gefühle, für Ihre augenblickliche Lebenssituation, für Ihr Glück?

– Haben Sie gelernt, andere Menschen so zu akzeptieren, wie sie sind, und sie zu mögen, zu lieben?

– Stellen Sie an sich hohe Ansprüche?

Wenn Sie diese Fragen mit *ja* beantworten, dann sind Ihre Voraussetzungen, dem richtigen Partner zu begegnen, hervorragend. Sollten Sie trotzdem noch allein sein, dann haben Sie vermutlich nicht die nötigen äußeren Voraussetzungen geschaffen, um eine solche Begegnung zu ermöglichen.

Hauptursache für die Wahl eines sogenannten falschen Partners liegt in den Erwartungen, die Sie an andere Menschen stellen. Sobald Sie einmal nur noch an sich selbst höchste Ansprüche stellen und gelernt haben, daß nur die Annahme eines anderen Menschen in seinem ganzen Sein − mit seinen Fehlern und seinen Vorzügen, seinen schlechten Eigenschaften und seinen positiven Zügen − zu einem erfüllten Miteinander führen kann, werden Sie nicht mehr auf den falschen Partner treffen. Sie können bestenfalls auf Menschen treffen, die nicht zu Ihnen passen (oder noch nicht zu Ihnen passen) − aber niemals werden Sie einen falschen Partner wählen.

Verfallen Sie auch nicht in den Irrtum, daß nur derjenige, der absolut mit Ihnen übereinstimmt, der richtige Partner sein kann. Es sei denn, Sie möchten sich von nun an geistig und seelisch zur Ruhe setzen. Nichts kann ermüdender sein als eine ständige absolute Übereinstimmung. Wo bleibt hier die aktive Auseinandersetzung, der ständige Austausch, die belebende Diskussion? Schnell geht mit der Ruhe auch die Liebe dahin zur ewigen Ruhe! Nur durch Geben und Nehmen, durch gemeinsame Konfliktlösung, durch die Ausweitung eigener Grenzen ist Wachstum − eigenes und gemeinsames − möglich.

Lösen Sie sich von falschen Vorstellungen, und schaffen Sie in sich selbst die Voraussetzung für den richtigen Partner − und nichts wird Sie dann davon abhalten, ihm auch zu begegnen, wenn die Zeit reif dafür ist.

Er/sie will sich nicht binden — die Flucht vor der Beziehung

Das ständige Ansteigen der Zahl der Single-Haushalte beweist deutlich, daß die Angst vor einer festen Bindung, vor der Übernahme von Verantwortung und vor der damit verbundenen Selbstdisziplin immer stärkere Ausmaße annimmt. Die Auflösung althergebrachter gesellschaftlicher Normen läßt die Ehe nicht mehr unbedingt als einen sicheren Hafen gelten. Liebe braucht heute keine äußere Legalisierung mehr. Wer sich liebt, lebt zusammen — hört die Liebe auf, so trennt man sich. So einfach geht das heute.

Doch die Seele und die tief im Menschen verwurzelten Urbedürfnisse nach Liebe und Geborgenheit können nicht Schritt halten mit dem raschen Wandel der Lebens- und Liebesformen in unserer Zeit. Besonders wer schwach ist, hat nicht den Mut, sich gegen die Zeit zu stellen. Also schwimmt er tapfer mit, solange er kann. Daß viele sich kaum über Wasser halten können und manch einer abdriftet oder ganz untergeht, beweisen die hohen Selbstmordzahlen, der starke Verbrauch an Psychopharmaka und die große Masse der unglücklichen Menschen, die mit dem Leben nicht gut oder gar nicht zurechtkommen.

Früher hatte alles seine klare Ordnung. Es wurde geheiratet, der Mann verdiente das Geld, die Frau war für Haus und Kinder verantwortlich. Heute sind die Rollen nicht mehr klar verteilt, jeder kann — mit Ausnahme des Kinderkriegens – alles. Die Gleichberechtigung hat die Frau aus dem begrenzten Bereich von Haus und Hof hinaustreten lassen in den beruflichen Alltag. Die Struktur der Familie ist in Auflösung begriffen. Es ist – zumindest in den Städten – nicht mehr die Regel, daß Kinder in „kompletten" Familien aufwachsen. Nach dem Motto „mein Bauch gehört mir" wird der Mann in nicht wenigen Fällen nur noch zur Zeugung benötigt – und vielleicht noch zur Zahlung der Alimente. Die Klein- und Kleinstfamilien sind groß im Kommen.

Der Egoismus breitet sich immer mehr aus. Jeder möchte nur noch seine eigenen Bedürfnisse und Wünsche erfüllen: ein Kind, aber keinen Partner; ein geregeltes Sexleben, aber keine Bindung usw. Nehmen soviel wir bekommen können und dabei sowenig wie möglich geben. Da verwundert es nicht, daß immer weniger Menschen eine feste Bindung eingehen wollen. Die einen haben nicht mehr gelernt, Verantwortung zu übernehmen – die anderen sind froh, daß der Zeitgeist es ihnen erlaubt, die übernommene Verantwortung relativ leicht abzulegen. Trotzdem bleibt dabei für die meisten Menschen tief im Inneren ein elementares Bedürfnis unerfüllt: das Gefühl der Gemeinschaft. Die Gewißheit, nicht allein die Stürme des Lebens meistern zu müssen, ein seelisches Zuhause zu haben, gemeinsame Ziele zu verfolgen und Erfüllung zusammen mit dem geliebten Partner zu finden, ist für viele Menschen nach wie vor wichtig.

Es gibt viele Gründe, keine feste Beziehung einzugehen, wobei die finanziellen Aspekte heute keine unwesentliche Rolle spielen. Denken wir nur an die Eheverträge, die ohne einen gewitzten Anwalt durchaus zum finanziellen Ruin führen können. Die große Freiheit, wie sie heute propagiert wird, hat die Ansprüche an eine Partnerschaft immer höher geschraubt – kaum jemand kann heute allen Anforderungen gerecht werden. Der Verzicht auf Freiheit fällt schwerer denn je, denn niemals konnten Bedürfnisse leichter ausgelebt werden als heute. Zeigte eine Frau zu Omas Zeiten den Fußknöchel, so galt das bereits als gewagt, heute ist die gemeinsam verbrachte Nacht – nachdem man sich gerade an der Bar kennengelernt hat – gang und gäbe. Warum also auf all dies verzichten?

Obwohl in unserem modernen Leben alles viel einfacher und leichter als früher erscheint, ist es doch für den einzelnen Menschen schwieriger, seinen Platz in dieser Gesellschaft zu finden. Zu viele Wünsche, zu große Verlockungen und zu wenig Pflichten machen es schwer, einen geraden Weg zu sehen.

Unsere Zeit bietet für jeden die Möglichkeit, nach seiner Fasson glücklich zu werden. Dieses Glück fällt niemandem in den Schoß. Die Entscheidung für eine enge Partnerschaft beinhaltet den Verzicht auf gewisse Freiheiten – die Entscheidung für das Alleinleben ist nicht gleichbedeutend mit einem Leben ohne Liebe. Jede Lebensweise hat ihre ganz besonderen Aspekte – Entfaltungsmöglichkeiten für jeden einzelnen sind also reichlich vorhanden.

Wenn Sie einen Partner suchen, dann sollten Sie sowohl Ihren Freundeskreis wie auch jede neue Bekanntschaft mit kritischem Blick betrachten. Verkehren Sie in Kreisen eingefleischter Junggesellen und Junggesellinnen, so sind hier die Chancen, einen Freund bzw. eine Freundin für eine engere Beziehung zu finden, nicht die allerbesten. Männer und Frauen, die schon beim Kennenlernen betonen, daß sie ihre Freiheit lieben, daß ihr Beruf ihr Leben ist und daß sie überhaupt nur wenig Zeit für ein Privatleben haben, sind keine potentiellen Heiratskandidaten. Vorsicht ist auch geboten bei solchen Freunden, die schon das Gefühl der Einengung bei ein paar gemeinsamen Urlaubstagen haben.

Achten Sie auf die kleinen Signale, dann können Sie sich später Irrtümer ersparen. Lernen Sie jeden Menschen richtig kennen, hören Sie aufmerksam zu, wenn Ihr Gegenüber von seiner Kindheit erzählt. Die Ursachen für viele Verhaltensweisen wurden schon in den ersten Lebensjahren geschaffen. Besonders Menschen, die nur für ihre Arbeit leben, werden sich schwer ändern – es mag ihre Art sein, die Sehnsucht nach Liebe zu stillen. Den meisten von ihnen ist gar nicht bewußt, daß diese Flucht in die Arbeit Ausdruck ihrer Angst vor Gefühl sowie gleichzeitig Sehnsucht danach ist. Wollen Sie sich binden, suchen Sie einen Lebens- und Liebespartner, dann wählen Sie Ihre Bekanntschaften auch unter diesem Aspekt aus.

Immer verliebt

Der Reiz des Neuen und Unbekannten fasziniert ihn, das Bekannte wird ihm schnell zu langweilig. Er ist nicht der Typ, der sich intensiv mit etwas befassen will. Er möchte genießen, möchte Abwechslung – und läuft dabei nicht nur sich selbst, sondern seinem Lebensglück davon. Darauf angesprochen, hat er nur ein mitleidiges Lächeln. Er will gar nicht wissen, warum das so ist – er lehnt es ab, sich mit sich selbst zu befassen, könnte dabei doch herauskommen, daß sein Umtrieb nur Angst vor dem Verlassenwerden ausdrückt oder Unsicherheit, überhaupt liebenswert zu sein. Er weigert sich konstant, in die Tiefe zu gehen – es lebt sich ja an der Oberfläche so wundervoll. Dabei ist der große Absturz vorprogrammiert. Die eigene Anziehungskraft läßt nach, es wird immer schwieriger, andere Menschen zu bezaubern. Plötzlich sieht unser Schmetterling mit leisem Neid die ,,ach so langweiligen Paare'', und manchmal dämmert mit den Jahren die Erkenntnis, daß das Leben zwar ein rauschendes Fest war, aber außer Scherben nichts geblieben ist.

Menschen, die sich nicht auf die Liebe einlassen, sind seelisch nicht reif für eine tiefere Beziehung. Nicht das Alter bestimmt die Reife. Einsicht, Selbsterkenntnis und der Wunsch nach mehr als nur einem oberflächlichen Vergnügen bringen uns auf den Weg zu uns selbst.

Keiner liebt mich!

Wer so etwas von sich behauptet, der liebt sich selbst nicht. Der Satz „mich liebt ja keiner" wird gern mißbraucht, um eigene Fehler zu bemänteln, und muß dann dafür herhalten, zu rechtfertigen, daß man schließlich nicht liebenswürdig sein kann, wenn man selbst nicht geliebt wird. Er ist eine wunderbare Entschuldigung, um sich gehenzulassen, schlechte Manieren zu kultivieren und auf der Seele seiner Mitmenschen herumzutrampeln.

Gehören Sie etwa auch zu jener Spezies Mensch, die richtig schwelgt in dem Gefühl, nicht geliebt zu werden, sich ständig bedauert und bemitleidet? Viele Menschen sind kleine Hobby-Psychologen, die sich bestens auskennen mit den Folgen einer lieblosen Kindheit; es ist heute durchaus gesellschaftsfähig, seine Probleme zum Thema zu machen. So bietet es sich förmlich an, auf dieser Welle mitzuschwimmen. Sollten Sie sich aber allen Ernstes einreden, daß Sie keiner liebt, dann wird es höchste Zeit für Sie, etwas zu ändern.

Nehmen wir einmal an, Sie hatten tatsächlich eine lieblose Kindheit, dann ist das noch lange kein Grund, sich auch den Rest des Lebens davon verderben zu lassen. Sie können sich jederzeit von der Vergangenheit lösen, können einen Strich ziehen und neu anfangen – dieser Entschluß ist unabhängig vom Alter.

Als Entschuldigung dafür, daß Sie keine Liebe geben, können Sie sich nicht darauf berufen, daß Sie als Kind keine Liebe erhalten haben. Mit einer solchen Haltung beanspruchen Sie für sich das Recht, sich keine Mühe zu geben, sich lieblos verhalten zu dürfen und dann darüber auch noch zu klagen. So erfüllen Sie Ihren Lebensauftrag nicht. Übrigens – Sie selbst leiden am meisten unter Ihrer destruktiven Haltung! Wenn Sie so weitermachen wollen, wenn Sie nicht glücklich sein wollen, dann bleiben Sie bei Ihrer Meinung. Aber machen Sie nicht andere Menschen verantwortlich für Ihr selbstgewähltes Unglück und Ihre Unfähigkeit zu lieben. Heute sind Sie nicht mehr in der Situation eines Kindes, sind nicht mehr klein, hilflos und ausgeliefert, sondern durchaus in der Lage, selbst zu entscheiden und zu handeln. Sie haben die Wahl, ob Sie Ihre kindhafte Verhaltensweise weiter pflegen wollen oder ob Sie es vorziehen, selbständig Ihr Leben in Ihre Hände zu nehmen.

Lassen Sie die Vergangenheit in Liebe los, und machen Sie sich jeden Tag bewußt, daß Sie allein bestimmen, mit welchen Menschen Sie sich umgeben. Wurde früher beispielsweise Ihr Bruder Ihnen immer vorgezogen, so übertragen Sie ein solches Verhaltensmuster nicht auf Ihre heutigen Bekanntschaften und Freundschaften. Damals haben Sie sich vielleicht nicht wehren können, denn Sie konnten sich ja Ihre Familie nicht aussuchen – also haben Sie still gelitten oder vielleicht lauthals protestiert. Egal, was Sie auch taten, mehr Zuneigung haben Sie sich mit Ihrem Verhalten nicht erworben. Heute aber sind Sie in der glücklichen Lage, selbst entscheiden zu können, was in Ihrem Leben passiert. Suchen Sie sich Menschen als Freunde, mit denen Sie nicht alte negative Muster weiterleben lassen. Übernehmen

Sie dagegen die Verhaltensmuster aus der Kindheit auch künftig, finden Sie sich unweigerlich immer wieder in der Ihnen bestens bekannten Rolle des weniger geliebten Menschen.

Erkennen Sie die Zusammenhänge. Seien Sie wählerisch in Ihrem Kontakt mit anderen Menschen. Alles Ihnen Gemäße kommt zu Ihnen. Sehen Sie sich als einen liebenswerten Menschen. Sie strahlen das aus, was Sie von sich glauben, und ziehen damit das Ihnen Entsprechende an. Durchschauen Sie alte Muster — so treffen Sie die richtige Wahl.

Signale erkennen

Wenn eine Beziehung auseinandergeht, steht der Verlassene fassungslos da und meint: „Es kam ganz plötzlich und völlig unerwartet." Menschen, die nicht nur mit sich selbst beschäftigt sind, die aufmerksam ihre Umwelt betrachten und bereit sind, ihre Liebe zu fördern, für die kommen Lebenskrisen nicht einfach angeflogen.

Heidrun berichtete mit Tränen in den Augen, daß sie schon vor einem guten Jahr bemerkt hatte, daß Helmut sich ihr gegenüber anders verhielt. Er mußte öfters Überstunden machen, und war er dann zu Hause, zog er sich mit Akten in sein Zimmer zurück. Er nannte als Grund eine Umstrukturierung in seiner Firma, die ihm immer weniger Zeit lasse, und vertröstete Heidrun von Monat zu Monat. Heidrun fühlte sich zwar etwas vernachlässigt, bemühte sich aber um Verständnis für seine Situation, selbst dann noch, als er nicht mir ihr und den Kindern in den Urlaub fahren konnte und seine ohnehin schon seltenen sexuellen Aktivitäten ganz aufhörten. Den Gedanken, daß Helmut eine Freundin haben könnte, verwarf sie ganz schnell. Das paßte nicht in ihr Vorstellungsbild von Helmut und schon gar nicht in das Bild, das sie von ihrer Ehe hatte.

Als Helmut vor einigen Tagen die Wahrheit gestand und die Scheidung wollte, brach für Heidrun eine Welt zusammen. Es war ihre eigene kleine Welt, die sie sich aufgebaut hatte und die sie sich erhalten wollte. Auf keinen Fall konnte sie sich eingestehen, daß ihrer Ehe schon lange das Lebendige fehlte. Fast unmerklich ist die Liebe vergangen, Gewohnheiten machten sich breit, die Aufmerksamkeit verlagerte sich vom Partner auf die Kinder und auf die vielen Nebensächlichkeiten. Sie hätte schon lange bemerken können, daß ihr Mann nicht zufrieden mit seinem Leben war. Und sie war mit ihrem Leben auch nicht mehr glücklich, aber es war bequem. Nicht erst als Helmut Überstunden vorgab, sondern eigentlich schon viel früher gab es Signale, die keiner von beiden erkannt hatte oder erkennen wollte.

Holger war in der Kneipe in Hochstimmung. Ihm gegenüber saß eine tolle junge Frau, die Unterhaltung lief auf Hochtouren, die Augen blitzten und ein Wort gab das andere. Holger sah sich schon am Ziel seiner Wünsche, überlegte bereits, ob sie zu ihm oder zu ihr gehen sollten. Er war fast sprachlos, als er ihre Worte hörte: „Ich gehe jetzt heim, und zwar allein." Übersehen hatte er bei seinem heißen Flirt, daß der steile Zahn ihn zwar nach allen Regeln der Kunst „anmachte" – eine kesse Lippe riskierte, verführerisch lächelte –, daß aber gleichzeitig der Körper ein klares Nein ausdrückte: Ihr Körper war nicht locker und ihm zugewandt, vielmehr hielt sie ihren Arm als Barriere zwischen ihm und ihr, die Beine waren fest überkreuzt. Er war viel zu sehr auf sein Ziel fixiert, um die Diskrepanz zwischen Worten und Körper zu bemerken.

Es gibt immer kleine und kleinste Anzeichen für eine Veränderung. Wenn Sie einen aktiven Partner in Ihrer Beziehung haben möchten, lohnt es sich, aufmerksam zu sein. Dies ist zwar etwas anstrengender, gibt Ihnen aber die Möglichkeit, der Handelnde zu bleiben, das Leben nach Ihren Vorstellungen zu gestalten. Vergleichen Sie Ihre Lage mit der eines Kapitäns auf einem großen Schiff. Ist er bequem, spielt Skat mit seinen Leuten, liegt in der Sonne und faulenzt, wenn der Wind günstig ist, dann übersieht er leicht die Vorboten eines Windwechsels. Er ist nicht vorbereitet. Wenn der Sturm ihn dann überrascht, kann er nur noch re-agieren. Das nimmt ihm förmlich das Ruder aus der Hand; er muß tun, was am besten in einer kritischen Situation ist – aber er kann nicht das Beste tun. Ist der Kapitän jedoch wachsam, bemerkt er die kleinste Veränderung in der Strömung, dann kann er das Schiff nach seinen Wünschen lenken, kann die Vorteile der Situation für sich nutzen.

Ebenso ist es in einer Beziehung. Seien Sie wachsam,

erkennen Sie sofort leise unterschwellige Störungen, dann können diese im Anfangsstadium leichter und schneller behoben werden. Entwickeln sich kleine Problemchen zu richtigen Problemen, dann bleibt Ihnen nicht immer ein Handlungsspielraum – dann haben andere bereits entschieden. Sie sind in der passiven Rolle, stehen möglicherweise vor der Katastrophe.

Wie erkenne ich Signale? Was kann mir eine Veränderung anzeigen?

- anderes Verhalten (Unaufmerksamkeit, ungewohnte Aktivität oder ständige Müdigkeit, psychosomatische Beschwerden, Unruhe etc.)

- neue Interessen, andere Hobbys, anderer Geschmack

- weniger Zeit für den Partner

- kleine Lügen

- plötzliche Hochstimmung oder grundlose Niedergeschlagenheit

Die größte Gefahr droht wohl durch eine feste Meinung, die, einmal gebildet, für den Rest des Lebens beibehalten wird. So wirft die Ehefrau ihrem Mann nach 23jähriger Ehe immer noch vor, daß er so schlampig ist. Das traf auch in den ersten Jahren zu, inzwischen ist er ein recht ordentlicher Mensch geworden. Jeder hat das bemerkt – nur seine Frau nicht. Oder: Evi sagte zu ihrem Mann, daß sie morgen mit einer Diät beginnen wolle. Seine Antwort lautete lapidar: schon wieder.

Die letzte Diät hatte Evi vor vier Jahren gemacht. Mit einer solchen Starrheit der Gedanken werden nicht einmal die kleinen Signale bemerkt, geschweige denn eine grundlegende Änderung erkannt. Überprüfen Sie: Auf welchen Begebenheiten beruht Ihre Meinung über Ihren Partner? Wann haben Sie diese Meinung gefaßt? Und wie hat sich Ihre Meinung in der Zwischenzeit verändert? Seien Sie kritisch und ehrlich − es dient Ihnen, wenn Sie sich eigener Verhaltensweisen bewußt werden.

Der zweite Fehler liegt darin, in jeder Veränderung eine Gefahr zu sehen und deshalb lieber über alle Anzeichen hinwegzusehen. Das einzig Beständige im Leben ist der Wandel. Wenn Sie in jeder Veränderung die Chance sehen können, Neues zu erfahren, sich weiterzuentwickeln und Ihr Leben zu verbessern, dann können Sie sich auch ohne weiteres den Tatsachen stellen.

Wenn es in den zwischenmenschlichen Beziehungen kriselt, dann kann dies auf geistiger, seelischer und körperlicher Ebene seinen Ausdruck finden. Werden Sie fein-fühlig, überprüfen Sie Ihr Leben, und beachten Sie, welche Signale Sie aussenden. Vielleicht ist Ihnen noch gar nicht aufgefallen, in welcher Weise Sie − ohne Worte − Ihren Mitmenschen zeigen, was in Ihnen vorgeht. Werden Sie sich *bewußt*.

Kapitel IV
Fragen zur Liebe

Um zu wissen, wer man ist, muß man sich bewußt sein,
was man fühlt.
(Alexander Lowen)

Bewußtsein – Körperbewußtsein

Die Schnellebigkeit unserer Zeit in Verbindung mit der
enormen Reizüberflutung läßt viele Menschen innerlich
kaum noch zur Ruhe kommen. Ein Termin jagt den anderen. Es fällt nicht leicht, sich die Zeit für sich selbst
zu nehmen, seinen Tag bewußt zu gestalten, Erlebnisse,
Gefühle, Schwingungen auch wirklich aufzunehmen und
zu verarbeiten. Dadurch wird der Alltag noch hekti-
scher, die Zeit fliegt förmlich davon, und viele Menschen haben das Gefühl, das Leben ginge an ihnen vorbei – nicht, weil sie so wenig erleben, sondern weil sie
zuviel erleben, nichts mehr richtig auf-nehmen und genießen können.

„Be-wußt-sein" enthält das Wort „Wissen". Es geht
hier um das Wissen über die Zusammenhänge, um das
Wissen von Ursache und Wirkung. Wer weiß, daß er viel

mehr erfährt und erlebt, wenn er sich Zeit für sich selbst nimmt, hat einen anderen Bewußtseinsstand als derjenige, der glaubt, viele Erlebnisse seien gleichbedeutend mit vielen Erfahrungen. Wer immer auf der Achse ist, kann gar keine Erkenntnisse gewinnen. Wie sollte er auch? Seine Zeit ist ausgefüllt mit ständiger Aktivität. Wer sich aber Zeit reserviert für sich selbst, um das Erlebte zu überdenken und seine Erfahrungen zu reflektieren, der entwickelt sich weiter, der lernt jeden Tag etwas dazu.

Nun hören wir Sie förmlich schon protestieren: ,,Dafür haben wir keine Zeit − wann sollen wir das denn tun?'' Sicherlich erfordert die Beschäftigung mit sich selbst Zeit, aber können Sie Ihre Zeit überhaupt lohnender nutzen als für sich, für eine Verbesserung Ihrer Lebensqualität?

Warum probieren Sie es nicht einfach einmal aus? Halten Sie sich jeden Morgen und Abend eine halbe Stunde Zeit für sich selbst frei. Morgens stimmen Sie sich auf den Tag ein, indem Sie Ihre Pläne gedanklich noch einmal durchgehen. Befassen Sie sich dabei besonders mit den zu erwartenden schwierigen Situationen, überprüfen Sie noch einmal Ihre Einstellung, und verinnerlichen Sie sich dann Ihre Argumentation. Stellen Sie sich darauf ein, und bauen Sie Ihr Selbst entsprechend auf, stellen Sie sich das Gespräch bildhaft vor, und glauben Sie fest daran, daß Ihre Meinung überzeugen wird.

Am Abend lassen Sie die Geschehnisse des Tages noch einmal an Ihnen vorbeiziehen. Wie haben Sie die Schwierigkeiten gemeistert? Was haben Sie Positives erlebt? Und worüber haben Sie sich ganz besonders gefreut? Versuchen Sie dabei, Klarheit über Ihr eigenes Verhalten, Ihre Reaktionen und Ihre Gefühle zu gewinnen. Was ist wohl der tatsächliche Grund dafür, daß sich eine kleine Unstimmigkeit zu einem Problem auswachsen konnte? Lassen Sie sich nicht durch Äußerlichkeiten, durch Worte, von den wahren Ursachen ablenken, erkennen Sie die Hintergründe. Beenden Sie Ihre ,,Tagesschau'' bewußt, beschließen Sie den Tag, indem Sie ungelöste Probleme jetzt loslassen, zufrieden sind mit sich selbst. Hadern Sie nicht mit sich, wenn Sie Fehler gemacht haben, lassen Sie sie los: Was Ihnen heute nicht so gut gelungen ist, das machen Sie morgen besser.

Wenn Sie jeden Tag bewußt beginnen und ebenso beenden, können weder Streß noch irgendwelche Probleme Sie auffressen. Eine kleine Investition von nur einer Stunde täglich macht Ihr Leben schöner – Sie gewinnen dabei sogar Zeit. Außerdem bekommen Sie alles besser in den Griff. Sie wissen, was Sie wollen, werden aufmerksamer für die Belange anderer Menschen und erhöhen Ihre Lebensqualität. So erfahren Sie jeden Tag bewußt – mit der Gewißheit, daß *Sie selbst* Ihr Lebensschiff steuern.

Doch was wäre das Bewußtsein, wenn wir unseren Körper in diesen Prozeß nicht einbeziehen würden. Wie gehen Sie mit Ihrem Körper um? Welchen Stellenwert hat er für Sie? Ist Ihr Körper für Sie lediglich ein Instrument, das zu funktionieren hat, das zum TÜV – zum jährlichen medizinischen Check-up – gegeben wird, bei dem nicht-funktionierende Teile durch einen Austausch wieder einsatzfähig gemacht werden? Wenn Sie auf diese Art und Weise Ihren Körper behandeln, wird er sich früher oder später sehr deutlich bemerkbar machen. Und Sie könnten möglicherweise erleben, daß durch die Mißachtung des Körpers, durch mangelnde Pflege und lieblose Behandlung, irreparable Schäden entstanden sind. Körperbewußtsein kann überhaupt nur auf der Annahme des eigenen Körpers aufbauen.

Alexander Lowen sagte: ,,Das Bewußtsein der eigenen Identität stammt aus dem Gefühl des Kontakts mit dem eigenen Körper. Um zu wissen, wer es ist, muß ein Individuum sich seiner Gefühle bewußt sein, seinen eigenen Gesichtsausdruck, seine Haltung, seine Bewegungen kennen. Ohne dieses Körperbewußtsein ist der Mensch gespalten in einen körperlosen Geist und einen leeren Körper''.

Ein Phänomen unserer Zeit ist es, daß noch niemals vorher so viele Menschen sich für Körperertüchtigung interessiert haben; Fitneß-Studios, Sportvereine etc. haben Hochkonjunktur. Doch die meisten der modernen Sportarten dienen gar nicht dem Körperbewußtsein, sondern haben andere Ziele, vor allem die Verbesserung der Figur und der Kondition. Die Selbsterfahrung des Körpers, die nur im Zusammenhang mit dem Gefühl erlebt werden kann, wird nicht gefördert. Um Liebe leben zu können, müssen Sie erst einmal sich selbst, Ihren Körper und Ihre vielleicht noch versteckten Wünsche kennenlernen.

Es spielt keine Rolle, ob Sie dick oder dünn sind, O-Beine haben oder dünne Haare. Ihre Seele hat sich diesen Körper ausgesucht, und Sie müssen mit ihm auskommen. Also ist es das Beste, Sie nehmen ihn an. Lassen Sie sich in Ihrem Urteil über Ihren Körper nicht von anderen Menschen beirren. Schönheitsideale werden immer wieder neu bestimmt, weil nur dadurch in vielen Branchen Umsatz gemacht werden kann. Deshalb wechseln Mode und Ideale schneller als die Jahreszeiten. Vielleicht leben Sie als barocker Typ gerade in der Twiggy-Zeit. Aber was macht das schon! Stehen Sie zu sich, lieben Sie sich – einschließlich Ihres Körpers. Kennen Sie Ihren Körper eigentlich richtig? Wann haben Sie sich zuletzt betrachtet? Wissen Sie, wie sich Ihr Körper anfühlt und wie Ihre Haut auf Berührung reagiert? Probieren Sie es aus. Stellen Sie sich nackt vor einen Spiegel, betrachten Sie sich so, wie Sie ein Gemälde betrachten. Lassen Sie Ihre Augen von Kopf bis Fuß wandern, verweilen Sie lange an den schönen Stellen. Die Partien, die Sie nicht so besonders leiden können, betrachten Sie möglichst objektiv und emotionslos. Achten Sie dabei darauf, daß nicht negative Gedanken wie ,,mein Bauch ist zu dick, meine Beine zu kurz'' von Ihnen Besitz ergreifen. Oft sind es alte Programmierungen, die wirksam werden, die aber überhaupt nicht der Realität entsprechen. Deshalb: Ein kritischer Blick – und wenn Sie dann wirklich der Meinung sind, daß der Bauch zu dick ist, dann lernen Sie, damit zu leben. Oder entschließen Sie sich zu Gymnastik oder zu einer Diät.

Machen Sie auch eine Bestandsaufnahme:

– Was gefällt Ihnen an Ihrem Körper?

– Was gefällt Ihnen nicht? (Fragen Sie sich auch einmal, warum.)

– Was wollen Sie verändern, und wie?

Natürlich gibt es auch körperliche Merkmale, die unveränderlich sind, beispielsweise eine Glatze. Haben Sie Probleme damit, dann hilft Ihnen eine Analyse. Fragen Sie sich, warum Sie diesen Teil Ihres Körpers nicht annehmen können – gehen Sie nach dem Drei-Stufen-Plan von Seite 35 vor.

Arbeiten Sie daran, daß Sie sich wohl fühlen in Ihrer Haut. Dazu gehört auch der Hautkontakt. Berühren Sie Ihre Haut, lernen Sie Ihren Körper Zentimeter um Zentimeter kennen. Erfühlen Sie zum Beispiel Ihre Hände, streichen Sie den Zeigefinger entlang – spüren Sie, daß Tausende von Nervenenden in den Fingerspitzen sitzen? Fühlen Sie, wie empfindsam die Handinnenfläche ist? Hier sind viele Akupunkturpunkte. Dann gehen Sie weiter und streicheln den Handrücken etc. Werden Sie sich der Beschaffenheit Ihrer Haut bewußt, genießen Sie die Berührung, und nehmen Sie sowohl Ihre körperliche wie auch seelische Empfindung dabei wahr. Wie wäre es, wenn Sie diese Übung mit Ihrem Partner zusammen machten?

Nach einiger Zeit sind Sie mit uns der Meinung, daß Sie Ihr Leben nur dann richtig genießen können, wenn Sie Ihr Bewußtsein erwecken und vertiefen. Wenn Sie Ihr Leben schnell und oberflächlich leben, so können

Sie zwar viel erleben (im positiven wie auch im negativen Sinn), aber das Leben, die Liebe und die Lust an der Liebe können Sie nur genießen, wenn Sie lernen, jeden Augenblick bewußt zu erfahren.

Eifersucht

Eifersucht ist eine Sucht, die mit Eifer sucht, was Leiden macht. Eine alte Weisheit, die treffend das Wesen der Eifersucht beschreibt. Die Wurzeln der Eifersucht liegen immer in einer gewissen Unsicherheit: Man fühlt sich zurückgesetzt, weil einem anderen Menschen mehr Aufmerksamkeit geschenkt wird − das zeigt mangelndes Selbstbewußtsein. Oder aber es ist die Angst, den Partner zu verlieren, was ebenfalls auf wenig Selbstbewußtsein hinweist. Wenn Ihr Partner einen anderen vorzieht, dann ist das ein Alarmzeichen für Ihre Beziehung. Entweder haben Sie sich auseinandergelebt, oder es war einfach nicht der richtige Partner, oder die Liebe ist im Lauf der Zeit vergangen. Für jede Situation gibt es eine Lösung. Hier heißt es handeln, die Lage klären, gemeinsam einen Weg suchen oder die Konsequenzen ziehen. Nichts ist hinderlicher für die eigene Entfaltung als das Festhalten an alten Strukturen.

Wenn Sie zu den ,,grundlos" Eifersüchtigen gehören, dann sollten Sie an sich arbeiten. Sie erleichtern sich selbst das Leben − und auch Ihrem Partner. Es kann zu einer starken Belastung werden, wenn über jedes harmlose Lächeln Rechenschaft abgelegt werden muß. Nicht selten führt die unbegründete Eifersucht dann nämlich tatsächlich zum Seitensprung, selbst wenn dies nur aus Trotz geschieht. Sie werden jetzt vielleicht sagen: ,,Ich bin aber so", und Ihr Partner liebt Sie, wie Sie sind − mit Ihrer ganzen Eifersucht. Aber wenn Sie Ihr Selbstbewußtsein aktivieren, mehr aus Ihrer Mitte leben und dadurch sicher werden, eröffnen sich Ihnen neue Perspektiven für sich und Ihre Beziehung. Sie können die Zeit der quälenden eifersüchtigen Gedanken für etwas Konstruktives nutzen − und nicht zuletzt werden Sie begehrenswerter. Selbstbewußte, glückliche Menschen wirken wie Magneten, sie ziehen das Schöne an.

Die Eifersucht bietet Ihnen in jedem Fall eine Chance, tiefsitzende Ängste und Minderwertigkeitsgefühle zu erkennen und aufzuarbeiten, alte Muster − meist noch aus der Kindheit − aufzulösen und gewohntes Rollenverhalten hinter sich zu lassen.

Flirt

Ob Sie in der Straßenbahn auf einen bewundernden Blick mit einem Lächeln reagieren, ein bißchen näher an den sympathischen Mann in der Kneipe rücken oder charmant Komplimente verteilen − ein Flirt schadet nicht. Ein Lächeln macht den grauen Tag heller, eine nette Geste läßt den Ärger vergessen – warum also auf solche belebenden Impulse verzichten? Der Flirt ist ein unverbindliches Spiel, das Spaß macht. Flirten Sie ruhig, so oft Sie können, wenn Sie damit nicht andere Menschen verärgern oder verletzen. Wenn es ein Flirt bleiben soll, versäumen Sie den rechtzeitigen Absprung nicht. Der Flirt sollte immer leicht und locker bleiben, vergessen Sie dabei nicht, daß Sie – wenn Sie gewisse Grenzen überschreiten – auch die Verantwortung für Ihren Flirt-Partner mit übernehmen. Wenn Sie wissen, daß Sie nicht weitergehen wollen, dann setzen Sie von vornherein deutliche Signale. So geht das leichte und anregende Element beim Flirt nicht verloren. Achtung: Das Spiel mit den Gefühlen ist nicht ganz frei von Gefahr – trotzdem viel Spaß beim Flirt!

Freiheit

Unter Freiheit verstehen wir hier die geistige und seelische Freiheit – die Freiheit der Gedanken und die Freiheit der Gefühle. Nur in Freiheit kann sich Liebe auch wirklich entwickeln. Engen Sie sich deshalb nicht selbst ein, setzen Sie Ihrem Partner keine Grenzen. Gerade dieser innere Freiraum ermöglicht erst einen regen Austausch auf körperlicher, seelischer und geistiger Basis. Wer hingegen Mauern aufbaut, dem Partner nicht die

Möglichkeiten für eigene Erfahrungen einräumt, dem werden solche Mauern leicht zum geistigen Gefängnis: Die Entwicklung stagniert, die Gefühle welken, und zurück bleibt Leere.

Bei gemeinsamen Interessen ist die gegenseitige Freiheit am leichtesten zuzugestehen. Schwieriger wird es schon, wenn sich Menschen mit sehr unterschiedlichen Eigenschaften und Lebensauffassungen lieben. Es ist zwar reizvoll, wenn der eine sich überwiegend mit Computern befaßt, der andere Musikfan ist. Hierin steckt aber auch viel Zündstoff – es liegt dann an den Beteiligten, ob der Unterschied positive, konstruktive oder destruktive Auswirkungen hat. Gerade solche Konstellationen ermöglichen eine Erweiterung des Horizonts und machen das Zusammenleben lebendig. Voraussetzung ist Verständnis und genügend Eigenraum.

Jeder Mensch ist ein Individuum; keiner gleicht dem anderen. Der ständige Versuch einer Anpassung ist eine gefühlsmäßige Belastung. Je mehr die beiden Partner sich ihre Identität erhalten, desto lebendiger bleibt eine Beziehung.

Klammereffekt

Aus Angst, den geliebten Menschen zu verlieren, halten wir ihn so fest wie möglich. Alles unternehmen wir gemeinsam – nur kein Alleingang des Partners. Natürlich wird das Zusammenleben etwas eintönig. Die Umklammerung des Geliebten, die wir anfangs als Beweis der Liebe empfanden, wird nach und nach zu einer eisernen Zange, die uns den Atem (und die Liebe) raubt.

Hier hilft nur noch eine radikale Befreiung. Nichts können Sie für immer behalten, und schon gar nicht mit Gewalt. Lernen Sie Ihr Leben in Ihre Hände zu nehmen, lassen Sie Ihren Partner in Liebe los.

Ihre Liebe wird dadurch nicht kleiner, sondern freier, intensiver. Sie werden die Liebe in ganz neuen Aspekten erfahren, wenn Sie Ihre Beziehung als einen freiwilligen Entschluß betrachten und danach leben. Öffnen Sie die Umklammerung, oder befreien Sie sich aus der Umklammerung. Atmen Sie tief durch — vertrauen Sie auf sich selbst.

Kommunikation

Viele Beziehungsprobleme entstehen, weil wir nicht sorgsam mit der Sprache umgehen, uns zuwenig Mühe machen, die eigenen Wünsche und Gedanken zu äußern. Wir setzen immer voraus, daß unser Gegenüber versteht, was wir meinen. Dabei entstehen Mißverständnisse, die zu unüberwindlichen Barrieren werden können.

Es ist ja gerade das Reizvolle, andere Ansichten kennenzulernen, neue Ideen zu überdenken. Gespräche erweitern den Horizont, lassen uns Neues kennenlernen.

Wir sollten dankbar sein für solche Denkanstöße. Nicht so einfach ist es, dem anderen seine Meinung zu sagen, besonders wenn es um kritische Themen geht. Das rechte Wort zur rechten Zeit, darauf kommt es an.

Fragen Sie sich, ob Sie das immer beherzigen. Wenn Sie sich an der Unordentlichkeit Ihres Mannes stören, dann sollten Sie in aller Ruhe dieses Thema ansprechen – zu einem Zeitpunkt, an dem er bereit ist, Kritik zuzulassen. Und achten Sie darauf, daß Sie in einer ausgeglichenen Stimmung sind. Sind Sie schlecht gelaunt oder verärgert, so arbeiten Sie erst Ihre negativen Emotionen auf. Werden Sie die Wut los, aber nicht bei Ihrem Partner. Suchen Sie sich Ihren persönlichen Weg, um seelische Verletzungen, Ärger und schlechte Laune abzubauen, denn dann sind Sie selbst erst fähig, in Ruhe zu kommunizieren.

Probieren Sie eine (oder auch mehrere) dieser Möglichkeiten, wenn Sie negative Emotionen abbauen wollen:

– Schreiben Sie einen Brief an den Menschen, der Sie verärgert hat, schonen Sie ihn dabei nicht. Sie brauchen den Brief nicht abzuschicken. Es reicht, wenn Sie Ihre Gefühle und Gedanken in Worte gefaßt haben – damit entlasten Sie Ihre Seele.

– Klopfen Sie den Teppich, und bei jedem Schlag lassen Sie die Wut heraus; oder joggen Sie so lange, bis Sie völlig erschöpft sind. Ihr Ärger ist mit der körperlichen Anstrengung verschwunden.

– Ziehen Sie sich zurück – in ein Zimmer, in den Wald oder an irgendeinen Platz, an dem Sie ungestört sind und wo man Sie möglichst nicht hört. Dann stellen Sie sich die Situation noch einmal gedanklich vor, die Sie zutiefst verletzt hat. Brüllen Sie, heulen Sie, seien Sie wütend oder enttäuscht – halten Sie mit keinem Gefühl zurück, ballen Sie die Fäuste, und schreien Sie sich alles von der Seele. Sie werden zwar heiser, aber befreit sein.

Wenn Sie Ihren Ärger los sind, dann können Sie wieder ruhig und gelassen sein, können sorgfältig auf Ihre Worte achten und sich darum bemühen, sich *verständlich* zu machen. Wir wünschen Ihnen dabei viel Erfolg.

Krisenmanagement

Am gefährlichsten sind die Eheprobleme,
von denen man keine Ahnung hat.
(Arthur Schnitzler)

Jede Beziehung erreicht immer wieder einmal einen Punkt, an dem der eine oder auch beide Partner finden, daß es so nicht mehr weitergehen kann. Das gemeinsame Leben ist zur Gewohnheit geworden. Von der großen Liebe scheint nicht viel übriggeblieben zu sein. Nachlässigkeit und Bequemlichkeit nisten sich ein; Einsamkeit in der Zweisamkeit breitet sich aus. Eine Trennung in einem solchen Stadium wäre keine wirkliche, sondern nur eine oberflächliche Lösung: Nichtverarbeitete Konflikte in einer Beziehung basieren immer auch auf persönlichen inneren Mängeln. Eine Trennung allein kann deshalb das Problem nicht lösen – mit einem neuen Partner entstehen ähnliche Situationen.

Krisen in der Beziehung sind notwendig, um neue Akzente in einer Beziehung zu setzen, um wieder Ausgewogenheit und Gleichgewicht herzustellen. Wie im Berufsleben müssen auch in einer Partnerschaft die Konditionen immer wieder neu ausgehandelt werden; schließlich ist alles – inklusive der eigenen Person – immer im Wandel begriffen. Äußere Veränderungen, neue Interessen, berufliche Fortschritte oder körperliche Gebrechen machen andere Verhaltensweisen nötig, neue Ziele müssen gefunden werden. Wie ein Auto, das in Schuß bleiben soll, gepflegt und technisch alle zwei Jahre beim TÜV durchgecheckt wird, so benötigt auch eine Beziehung sorgfältige Pflege und Überprüfung; ab und zu ist auch eine kleine ,,Reparatur'' nötig. Hier gilt: ,,Vorbeugen ist besser als Heilen.''

Eheprobleme und Partnerschaftskrisen scheinen immer etwas Bedrohliches an sich zu haben, denn zumindest im Hintergrund schwingt dabei doch die Angst mit, verlassen zu werden. Außerdem sind seelische Verletzungen durch einen nahestehenden Menschen schmerzhafter. Deshalb kehren viele Paare ihre Probleme lieber unter den Teppich, flüchten in Depressionen oder Alkohol, schwächen sich durch Machtkämpfe und dergleichen, anstatt sich der Situation zu stellen. Manche Paare streiten sich ein ganzes Leben lang, andere entwickeln ihr persönliches Überlebensprogramm, indem sie innerlich abstumpfen oder Freude und Verständnis außer Haus suchen. Vielleicht hat die Krise schon viel früher – nämlich bei der Partnerwahl – begonnen? Vielleicht tragen wir unverarbeitete Erfahrungen aus unserer Kindheit in die Beziehung?

Jede Lebensphase und automatisch auch jede Phase in einer Beziehung hat ihre eigenen Bedingungen, an die wir uns anpassen müssen – und das fällt schwer. Die individuellen Verhaltensmuster geraten aneinander. Mißverständnisse entstehen, und es kommt zu destruktiven Auseinandersetzungen, dann zur Enttäuschung. Nicht einmal in der kleinsten, engsten Beziehung gibt es Sicherheit; der Partner bietet nicht den erwarteten, unbegrenzten Schutz, man stellt fest, daß auch er nicht alle Wünsche erfüllen kann. Solche Erkenntnisse erschüttern und ernüchtern, haben aber auch ihre positiven Aspekte, denn sie führen heraus aus der eigenen Täuschung, der Ent-täuschung. Der Abschied vom Traumpartner muß keine Trennung nach sich ziehen, sondern kann der Anfang einer echten Partnerschaft sein.

Wenn die Barrieren zwischen zwei Menschen nicht unüberwindlich sind, dann bringt eine konstruktive Auseinandersetzung viel: Nämlich ein Modell für das gemeinsame Management eines neuen Lebensabschnitts. Gemeinsamkeiten können entdeckt, Differenzen geklärt, andere Gedanken zugelassen werden – kurz: Die nächste Teilstrecke des gemeinsamen Weges wird neu definiert. Und immer einmal wieder kommt es zu einem Halt. Die Zeit ist dann reif, um in einer Krisensitzung die nächste Etappe zu planen. Von Stufe zu Stufe werden Sie reifer, lernen Ihren Partner besser kennen und kommen auf diese Weise wirklich vom *Ich* über das *Du* zum *Wir*.

Leidenschaft

Leidenschaft ist eine Eigenschaft, die Leiden schafft – für den, der nicht damit umgehen kann. Unter der Leidenschaft verstehen wir das Verlangen nach dem Geliebten, das sich überwiegend auf das körperliche Begehren bezieht. Aus Romanen, aber vielleicht auch aus eigener Erfahrung, kennen wir dieses Feuer, das alles andere zu verzehren scheint. Es ist ein Feuer, das schnell entzündet ist, sich verausgabt, um dann ganz auszugehen. Nur selten hält eine Leidenschaft lange Zeit, und nur in den Romanen ein ganzes Leben. Wenn es Sie packt, dann geben Sie sich diesem berauschenden Gefühl hin – genießen Sie jede Minute bewußt, denn sie kommt nie wieder in dieser Intensität. Vielleicht gelingt es Ihnen, die leidenschaftliche Liebe langsam in eine dauerhafte Liebe zu verwandeln.

Liebesfähigkeit

Die Fähigkeit zu lieben ist eng verbunden mit der Wahrnehmungsfähigkeit sowie den Folgerungen, die Sie aus Ihren Erfahrungen ziehen. Das Wissen um das Selbst, eine hohe Bewußtheit, Sensibilität und die Bereitschaft, sich zu öffnen und Gefühle zuzulassen und das Leben zu bejahen, sind unabdingbare Voraussetzungen dafür, Liebe zu erfahren. Sie können die Kunst des Liebens lernen. Wie jede Kunst ist Liebe in Praxis und Auswirkung unterschiedlich, hat ihre ganz persönliche Ausdrucksform und unterliegt gewissen Strömungen, verändert sich im Laufe der Jahre. Lieben Sie sich selbst, entscheiden Sie sich für die Liebe, und haben Sie keine Angst vor Verlust oder Verletzung. Sie bestimmen, wer Sie verletzt, und Sie wissen auch, daß jeder Verlust den Weg frei macht für etwas Neues.

In unserem Arbeitsteil können Sie mit der für Sie passenden Methode Ihre Liebesfähigkeit vertiefen.

Liebessucht

Sucht bedeutet immer Abhängigkeit und ist Ausdruck innerer Schwäche. Das gilt auch für die Liebessucht. Niemand kann ohne Liebe glücklich sein, aber Liebe finden Sie in erster Linie nicht in einem anderen Menschen, sondern in sich selbst. Wer nur die Liebe sucht, läuft beständig hinter ihr her. Er ist das Opfer seiner Fehlschätzung, ist unfrei und nicht in der Lage, Ursache und Wirkung zu erkennen. Wer sich nur wohl fühlt, wenn er einen Liebespartner hat, der ist in kindlichem Verhalten gefangen. Werden Sie erwachsen, nehmen Sie Ihr Leben in Ihre Hände, entdecken Sie sich selbst. Jetzt ist die Zeit für Sie da, sich aus Ihrer selbstgewählten Opfer-Rolle zu befreien und ein aktiv Handelnder zu werden.

Loslassen

Ängstlich halten wir fest, was wir haben, denn es erscheint uns besser, als mit leeren Händen dazustehen. Doch haben Sie nicht auch bemerkt, wie schwer solche Kompromisse wiegen können? Wenn Sie beispielsweise Ihrer Freundin leichtfertig versprochen haben, ihr zehn Bücher in den fünften Stock zu tragen, dann wissen Sie, wie das Gewicht der Bücher von Stockwerk zu Stockwerk zunimmt. Was am Anfang gar nicht besonders anstrengend erscheint, kann bald zu einer Last werden. Warum lassen Sie solche Lasten nicht los? Vor allem haben Sie – wenn Sie belastet sind – kaum eine Möglichkeit zur Veränderung, denn Sie sind überlastet.

Trennen Sie sich von allem, was Sie nicht glücklich macht. Lassen Sie es los – ohne Vorwürfe, ohne Streit, sondern in Liebe und voller Verständnis. Bisher war Ihnen die Ursache für Ihr Unglück nicht richtig bewußt. Jetzt aber wissen Sie, daß halbherzige Beziehungen, lieblose Partner und die ständige Suche nach einem Idealpartner Sie nicht erfüllen. Ja, noch viel schlimmer: Das Verharren in Situationen, die Ihnen nicht gefallen, kostet Sie viel Kraft und Energie, Lebensfreude und damit Ausstrahlung. Werfen Sie alles von sich, was Sie in Ihrer geistig-seelischen Bewegungsfreiheit einengt und behindert, erst dann sind Sie wirklich frei für das Neue. Erkennen Sie Ihre eigene Stärke, vertrauen Sie auf sich. Auf einer Rasenfläche, die mit Unkraut überwuchert ist, kann niemals gesundes Gras sprießen. Es ist weder Platz noch Nahrung vorhanden. Wenn Sie aber das Unkraut jäten, also Raum schaffen, Gras aussäen und reichlich gießen, dann kann frisches, gesundes Grün wachsen.

Wenn Sie in Ihrem Leben nicht die Voraussetzungen für das Glück schaffen, geben Sie sich selbst nur geringe Chancen, glücklich zu werden. Sie ernten, was Sie säen. Lassen Sie los – genießen Sie das neue, wunderbare Gefühl, frei zu sein von allem, was Sie einengt und was nicht mehr zu Ihnen paßt.

Schreiben Sie auf, was Sie loslassen möchten, und machen Sie sich an die praktische Arbeit. Es ist leichter, als Sie denken. (Lesen Sie vielleicht einmal unser Buch „Loslassen, was nicht glücklich macht", mvg-verlag, München.)

Partnerschaft

Wir wollen uns hier mit drei wesentlichen Aspekten, mit der Zeit vor, während und nach einer engen Partnerschaft befassen:

Vor der festen Bindung

Zwar besitzt jeder Mensch seinem Wesen nach die Fähigkeit zur Partnerschaft. Aber nicht jeder kann eine Partnerschaft ohne Vorbereitung eingehen. Deshalb prüfe, wer sich bindet:

1. Haben Sie sich auf eine Bindung vorbereitet?

2. Wissen Sie, was auf Sie zukommen kann?

3. Stimmen Ihre Vorstellungen von einem Zusammenleben mit denen Ihres künftigen Partners in den Grundzügen überein?

4. Kennen Sie die Vergangenheit Ihres Partners und seine Zukunftsträume?

5. Finden Sie einen gemeinsamen Lebensplan?

Innerhalb der Beziehung

Nicht jene Partnerschaft ist gut, in der keine Probleme auftreten, sondern diejenige, in der die Beteiligten in der Lage sind, mit den Problemen umzugehen und sie zu lösen. Dazu gehören Fragen wie diese:

1. Nehmen Sie die kleinen Wünsche Ihres Partners ernst?

2. Welche Lebensbereiche haben für den einzelnen eine besondere Bedeutung, und werden Sie beide den jeweiligen Aspekten gerecht?

3. Sind Sie in Ihrer Beziehung glücklich?

4. Wie steht es mit Ihrem Partner?

5. Was tun Sie, um die Beziehung zu verbessern?

6. Und wie erhalten Sie Ihr Glück?

Beim Ende einer Partnerschaft

Das Ende einer Beziehung ist kein Weltuntergang, auch wenn es manchmal so scheinen mag. Es kommt auf Ihre Einstellung an!

1. Welche Bedeutung hat die Trennung für Sie, die Kinder (emotional, finanziell, praktisch)?

2. Wie sehen Ihre Zukunftspläne aus?

3. Welche Fähigkeiten und Wünsche haben Sie während der Beziehung vernachlässigt?

4. Was können Sie daraus lernen?

5. Wie können Sie Ihren Partner loslassen?

6. Was haben Sie unternommen, um die richtige Ent-Scheidung zu treffen?

Partnersuche

Viele Menschen suchen, suchen und suchen. Frustriert stellen sie nach zahllosen vergeblichen Anstrengungen fest, daß sie entweder überhaupt keinen passenden Partner gefunden haben oder aber, daß sich jeder vermeintliche Partner als der falsche herausstellte, daß der Prinz nach den ersten Küssen zum Frosch wurde. Irgendwo muß ein Fehler vorliegen. Erst wird an den Fähigkeiten und Eigenschaften der anderen gezweifelt, hält dann aber die erfolglose Suche an, beginnt man an sich selbst zu zweifeln. Das Selbstbewußtsein wird angekratzt, negatives Denken macht sich breit, und die Ausstrahlung leidet.

Wenn Sie an sich arbeiten, wenn Sie glauben, ein guter Partner sein zu können, und wenn Sie trotz aller Mühen keinen Erfolg hatten, dann sollten Sie die Suchaktivitäten einstellen. Vielleicht stehen Sie sich sogar mit Ihrem tiefen (und manchmal sogar fixen) Wunsch nach einem Partner selbst im Weg. Warum lassen Sie sich nicht finden? Setzen Sie neue Akzente in Ihrem Leben, richten Sie Ihre Gedanken auf andere Ziele, machen Sie ein glückliches Leben nicht von einem Partner abhängig. Das heißt nicht, daß Sie von jetzt an nur noch zu Hause sitzen und sich isolieren sollten. Vergessen Sie nicht Ihren Wunsch nach einem Partner, aber lassen Sie anderen Menschen die Möglichkeit, Sie zu suchen. Lassen Sie die Erwartungshaltung los, genießen Sie den Tag unbeschwert von Suchaktionen — vertrauen Sie darauf, daß Sie gefunden werden.

Berücksichtigen Sie immer, daß Sie nur das finden können, was Ihnen entspricht. Erst wenn Sie ein idealer Partner sind, können Sie dem idealen Partner begegnen. Begegneten Sie ihm früher, wäre es sinnlos, weil die Voraussetzungen für ein harmonisches Zusammenleben noch nicht gegeben sind. Sie können die ,,große Liebe'' erst dann erfahren, wenn Sie in sich selbst die ,,große Liebe'' gefunden haben. Sie brauchen dann nicht mehr unbedingt den idealen Partner; eine Begegnung wird dadurch überhaupt erst möglich.

Herbert suchte sein ganzes Leben lang nach der idealen Partnerin. Er wurde reich und berühmt — aber er blieb immer allein. Als er alt war, fragte ihn ein Reporter, ob seine Suche nach der idealen Frau keinen Erfolg hatte. ,,Doch, ich habe sie gefunden — schon als ich dreißig war, bin ich ihr begegnet. Aber leider suchte auch sie nach dem idealen Partner.''

Selbstbewußtsein

(Siehe auch *Bewußtsein*)

Wer sich seiner selbst bewußt ist, sein eigenes Wesen mit allen Vorteilen und Schwächen annehmen kann, der hat ein festes Fundament, das bei den Stürmen des Lebens nicht so leicht ins Wanken gerät. Ein tiefes Selbstbewußtsein ist im Privatleben wie auch im Beruf wichtig. Wenn Sie auf sich selbst bauen können, wird Sie so schnell nichts aus der Bahn werfen. Sie wissen: Sie haben sich selbst und das reicht allemal.

Sexualität

Es ist uns unmöglich, woanders etwas zu lernen,
was wir innerhalb unseres eigenen Körpers nicht lernen können.
(Schwaaller de Lubicz, The Temple of Man)

Vom Tag der Geburt an ist der Mensch hin und her gerissen zwischen zwei Polen: dem Drang, das auszuleben, was in ihm steckt, und dem Bedürfnis, sich an das anzupassen, was seine Umwelt ausmacht. Das trifft in besonderem Maße auch für die Sexualität zu. Zum einen möchten wir unsere eigenen Bedürfnisse, die schärfsten Phantasien sowie grenzenlose Zärtlichkeit ausleben – zum anderen sind wir geprägt von den Erziehungsmustern aus der Kindheit. Viele Probleme resultieren aus dieser Diskrepanz. Die wenigsten Menschen haben von klein an gelernt, ihre Sexualität anzunehmen und als einen ganz natürlichen Teil ihres Seins zu betrachten. Doch ist es nie zu spät, Freude und Erfüllung in der körperlichen Liebe zu finden.

Als erstes steht auch hier wieder die Selbsterkenntnis. Die folgenden Fragen helfen Ihnen dabei. Vergleichen Sie Ihre Wünsche mit der Realität.

– Was wollen Sie wirklich? (Lassen Sie einmal alle Verbote weg, lösen Sie sich von Gedanken, die Sie einengen, wie beispielsweise ,,das tun nur . . .''.)

– Was hält Sie davon ab, Ihre Wünsche zu realisieren?

– Liegt es an Ihnen?

– Haben Sie nicht den Mut, das zu tun, was Ihnen Befriedigung bringt?

– Trauen Sie es sich nicht zu, haben Sie ein schlechtes Gewissen oder Angst?

– Oder wissen Sie vielleicht gar nicht genau, was Sie im sexuellen Bereich wünschen, haben Sie sich solche Gedanken verboten?

– Liegt es an Ihrem Partner?

– Mag er/sie die körperliche Liebe nicht, ist Ihr Partner verklemmt, oder kann er sich nicht gehenlassen?

Finden Sie die Ursachen für Ihre unbefriedigende Situation heraus. Entdecken Sie Ihre Sexualität, lassen Sie sich dabei nicht von den Strömungen der Zeit beeinflussen – es kommt nicht auf ausgefallene Stellungen oder die Anzahl der Sexualpartner an. Nur was Sie selbst und Ihr Partner empfinden, was Ihnen beiden Spaß macht, ist richtig und zählt.

Gehen Sie hier am besten wieder mit einem Fragebogen vor. So erfahren Sie, wo Sie mit der geistigen Arbeit ansetzen sollten, damit Sie in sich selbst die Voraussetzungen für eine berauschende Sexualität schaffen. Wenn Sie um Ihre Wünsche wissen, machen Sie sich an die Umsetzung, an die Erfahrung des eigenen Körpers, entdecken oder vertiefen Sie Ihr Körper-Bewußtsein (siehe auch das Stichwort *Bewußtsein*). Nehmen Sie Kontakt zum eigenen Körper auf.

Ihre Veränderung wirkt auf Ihren Liebespartner. Er spürt, daß Sie freier, durchlässiger und sensibler geworden sind. Damit können Sie Ihrem Partner helfen, denn auch er ist geprägt von seiner Vergangenheit. Gehen Sie den Weg zusammen – mit Verständnis, Zärtlichkeit und dem Wunsch nach einer erfüllten Liebe kommen Sie Schritt für Schritt voran.

Eine wunderbare Möglichkeit, zu lernen, die eigene Sexualenergie frei fließen zu lassen, bietet das *Tao der Liebe*. P'eng-Tsu sagte: ,,Weder Arznei noch Nahrung noch Erlösung des Geistes können das Leben eines Menschen verlängern, wenn er das Tao der Liebe nicht versteht noch übt.'' Diese chinesische Philosophie ist über 2 000 Jahre alt, sie hat inzwischen auch den Westen erobert. Tao heißt Weg und basiert auf der Transformation der eigenen Energie in den Urzustand sowie auf der kosmischen Vereinigung von Yin und Yang — männlicher und weiblicher Energie. Kontrolle des Körpers, Zurückhaltung und die Berücksichtigung des richtigen Zeitpunkts spielen eine große Rolle. Vor allem wird zwischen Orgasmus und Ejakulation des Mannes deutlich unterschieden.

Wenden wir uns noch einer anderen östlichen Philosophie zu: dem *Tantra*. Auch dieser Kult der Ekstase, der aus Indien stammt, findet immer mehr Anhänger bei uns. Aus gutem Grund: Über die sexuelle Vereinigung kann die Loslösung von dem Äußeren, dem Materiellen, erreicht werden. Damit sind ein Gefühl höchsten Glücks und die innere Erleuchtung verbunden. Tantra ist Ausdruck der Bejahung der Sexualität, weil nach Ansicht der Tantriker der Mensch in der sexuellen Vereinigung eins wird mit dem Kosmos. Das persönliche Empfinden der Freude und der Lust ist äußerst wichtig. ,,Tan'' heißt ,,weiter werden'', also eine Erweiterung des Bewußtseins, ähnlich dem Yoga: ein Weg der Erleuchtung. Tantra-Sex ist bei uns etwas in Verruf gekommen, weil man bei uns darin vordergründig ekstatische Vergnügungen sieht. Das wahre Ziel des Tantrikers ist jedoch immer die Erreichung eines Zustandes spiritueller Seligkeit durch Meditation und durch bestimmte Rituale unter Beteiligung *aller* Sinne. Tantra ist keine Theorie, sondern Praxis, es muß erfahren und erlebt werden.

Für welchen Weg Sie sich auch entscheiden — wichtig ist, daß Sie nicht in festgefahrenen Denkmustern stehenbleiben, sondern aktiv an sich arbeiten, um das Glück zu realisieren, von dem Sie bisher vielleicht nur geträumt haben.

Sicherheitsdenken

Wie bei allen Sicherheitsfragen gibt es auch hier Regeln und Einschränkungen und vor allem viele Vorschriften. Und wie bei den Ver-Sicherungen stellen Sie dann im Schadensfall fest, daß gerade dieses Ereignis nicht unter Schutz steht. Je sicherer Sie selbst sind, desto weniger Sicherheit benötigen Sie von anderen Menschen. Denken Sie nicht: ,,Was geschieht, wenn . . .'', um dann Vor- und Nachteile abzuwägen. Aus Angst, den Partner — und damit die materielle Sicherheit, das gesellschaftliche Ansehen etc. — zu verlieren, passen Sie sich mehr und mehr an. Und was antworten Sie auf die Frage: ,,Wo bin ich eigentlich in meinem Leben geblieben, was habe ich von meinen Wünschen und Träumen realisiert?'' Wenn Sie auf Sicherheit setzen, die ein anderer Ihnen bietet, bleibt nur wenig Raum für die eigene Entfaltung.

Sicherheit ist wichtig — aber wohlgemerkt Sicherheit in sich selbst, Selbstvertrauen, Selbst-Sicherheit!

Sinn des Lebens — Sinn der Partnerschaft

Der *Sinn meines Lebens* ist es,

— mich selbst zu entdecken, mich zu erfahren und mein Selbst zu erwecken;

— zu erkennen, wer ich bin, was ich will, wo ich heute stehe und was das Leben von mir will;

— mein Selbst zuzulassen — *ja* zu mir zu sagen;

— mein geistiges Erbe anzutreten;

— die Verantwortung über mein Leben zu übernehmen, die geistigen Gesetze zu erkennen und dementsprechend zu handeln;

— durch meine Gedanken und meinen Glauben mein Leben in die richtigen Bahnen zu lenken, mein Bewußtsein zu erweitern;

— jeden Augenblick bewußt zu leben, das Abenteuer Leben einzugehen, zu genießen, Freude zu empfinden;

— zu erkennen, daß ich einmalig bin und eine wichtige Lebensaufgabe zu meistern habe: meine wahre Bestimmung zu finden und zu leben;

— die Botschaft, die mir das Leben gibt, zu erkennen und zu befolgen;

– zu erkennen, daß Probleme Geschenke sind, die mir das Leben macht. Das Problem ist die Verpackung, die neuen Erkenntnisse sind die Geschenke;

– zu erkennen, daß Gewinn und Verlust gleich-gültig sind;

– zu erkennen, daß der Platz, an dem ich heute stehe, der einzig richtige für mich ist.

Leben heißt lernen! Zu lernen, verantwortungsvoll mit den mir verliehenen Talenten umzugehen: Das Richtige zu tun, das Notwendige nicht zu unterlassen und das Falsche nicht zuzulassen. Das gelingt mir, indem ich die Macht des Denkens verantwortungsbewußt nutze.

Ein *Sinn der Partnerschaft* liegt darin, daß Sie durch Ihren Partner zu wichtigen Erkenntnissen über sich selbst gelangen, daß Sie innere Mängel erkennen. Durch die Auseinandersetzung mit dem Menschen, den Sie lieben, werden Sie unweigerlich zu sich selbst geführt. Die Partnerschaft, in der Sie sich jetzt befinden, ist für Sie beide gleichermaßen ideal – Ihr Partner ist für Sie so ideal oder so wenig ideal, wie Sie selbst es für ihn sind. Ob Sie nun in Harmonie mit Ihrem Partner leben oder nicht – Sie befinden sich in einem gegenseitigen Lernprozeß, ob Sie das wollen oder nicht, ob Sie sich dessen bewußt sind oder nicht.

Eine ,,reibungslose'' Partnerschaft wäre überhaupt nur gut für Sie, wenn eine gemeinsame Aufgabe diese Harmonie erforderte. Bis das soweit ist, konfrontieren

Sie und Ihr Partner sich gegenseitig damit, wie Sie beide sind. Dieser Prozeß dauert lange – so lange bis jeder „er selbst" geworden ist. Und dann ist jeder ein idealer Partner. In diesem Stadium haben Sie einen Zustand der höchsten Harmonie erreicht: Sie wollen nichts mehr und bekommen doch alles, leben in der Fülle Ihres wahren Seins – im Paradies.

Das Glück erhalten Sie nicht dadurch, daß Ihr Partner Ihnen viel Liebe gibt, sondern dadurch, daß Sie Ihre eigenen Fähigkeiten der Liebe verstärken, indem Sie Liebe geben. Solange Sie sich nicht selbst lieben, kann kein äußerer Reichtum, kein Erfolg Sie wirklich beglücken, weil Ihre Seele leer und unberührt ist. Das Ideal einer Partnerschaft kann deshalb nicht das liebevoll turtelnde Paar sein, das in starker Abhängigkeit lebt. Die wirkliche Erfüllung einer Partnerschaft liegt darin, daß zwei Menschen miteinander und aneinander „heil" geworden sind und sich deshalb nicht mehr brauchen. Jeder hat alle Aspekte des anderen aufgenommen. So einfach ist die „Kunst zu lieben" – und doch ist es so schwer, diese Kunst zu erlernen und umzusetzen.

Streit

Lernen Sie die Kunst des Streitens. Streiten muß nicht in Disharmonie enden, muß nicht entzweien, sondern ist ein äußerst konstruktives Mittel, vorausgesetzt, Sie machen es richtig. Wie das geht, zeigen Ihnen die folgenden Hinweise:

1. Erkennen Sie auch im Streit einen Ausdruck der Liebe.

2. Bevor Sie eine Auseinandersetzung beginnen oder darauf eingehen, sollten Sie Ihre eigene Stimmung überprüfen. Sind Sie in Harmonie mit sich und mit Ihrem Partner? Oder suchen Sie eine Gelegenheit, „Dampf abzulassen", ein Opfer, um Ihren Ärger loszuwerden?

3. Dinge, die Sie an Ihrem Partner stören, weisen auf einen Mangel in Ihnen selbst hin. Finden Sie die Ursachen Ihrer Kritik am anderen zuerst in sich.

4. Vergewissern Sie sich, daß bei Ihrem Gegenüber auch das angekommen ist, was Sie ausdrücken wollten.

5. Machen Sie konstruktive Lösungsvorschläge, fragen Sie Ihren Partner nach seiner Meinung.

6. Nehmen Sie sich Zeit, bereiten Sie die Auseinandersetzung sorgfältig vor, und lassen Sie Ihrem Partner Zeit zum Nachdenken und zur Entscheidung.

7. Fragen Sie ihn nach seinem Vorschlag für eine Lösung.

8. Achten Sie darauf, daß keiner von Ihnen sich rechtfertigen muß; bringen Sie Ihren Partner nicht in eine Defensive.

9. Danken Sie ihm dafür, daß er in Ruhe zugehört hat, und zeigen Sie ihm, daß Ihre Liebe nicht von diesem Streit berührt wird.

Streit hin, Streit her – immerhin gibt es da auch einen positiven Aspekt: ,,Eine kriegerische Ehe ist nicht die schlechteste – man denke an die vielen Friedensschlüsse." *(Peter Sellers)*

Trennung vom Partner

Wenn die Liebe geht, so geht mit ihr ein Teil unserer Träume, ein Teil unseres Lebens, den wir gemeinsam mit dem Partner verbracht haben. Es fällt schwer, loszulassen – zu erkennen, daß der Abschied von der Geborgenheit gekommen ist, ein Lebensabschnitt zu Ende geht. Das Neue, Unbekannte schreckt und verunsichert, und Panik entsteht. In einer solchen Situation ist man nur allzugern bereit, faule Kompromisse einzugehen. Es gibt Paare, die können sich nicht trennen, können aber ebensowenig zusammen leben. Ein Martyrium beginnt. Lieber ein Ende mit Schrecken als ein Schrecken ohne Ende. Und schauen Sie sich einmal in Ihrem Bekanntenkreis um. Kennen Sie nicht auch viele Leute, die sich zu Ihrem Vorteil entwickelt haben, nachdem Sie sich von einer belastenden Beziehung gelöst hatten?
Sicherlich ist die Trennung ein schwieriger, schmerz-

hafter Prozeß, der sich über Jahre hinziehen kann. Doch durch Ihre Einstellung und Ihr Verhalten tragen Sie entscheidend dazu bei, in welcher Art und Weise eine Trennung vollzogen wird. Sie können dafür sorgen, daß sich die Schmerzen in Grenzen halten. Mit der Erkenntnis, daß die Zeit reif ist für etwas Neues, können Sie die Vergangenheit wirklich aufarbeiten, können loslassen und sich neu orientieren. Sie sollten Ihrem Partner dankbar sein für die Erfahrungen, die Sie gemeinsam machen durften. Und eine Trennung muß nicht das Ende der Liebe bedeuten; vielleicht haben Sie in Ihrem Expartner einen Freund fürs Leben gewonnen. Die Gefühle haben sich verändert, aus der Liebe ist Freundschaft geworden oder kann es noch werden. Schließlich haben Sie eine Zeit Ihres Lebens gemeinsam verbracht, haben sich geliebt, haben gelitten und gestritten. Finden Sie ein versöhnliches Ende für Ihre Liebesbeziehung, legen Sie den Grundstein für eine freundschaftliche Zuneigung.

Treue — Untreue

Die Treue steht hoch im Kurs: Bei einer jüngeren Untersuchung über die menschlichen Werte setzten 73 Prozent der Befragten die Treue an die erste Stelle ihrer Skala. Die Realität aber sieht anders aus: etwa 50 Prozent der Frauen und 70 Prozent der Männer haben ihre

Partner betrogen. Also eine ziemliche Diskrepanz. Wie kommt es dazu?

Die Auflösung alter Werte spielt dabei sicher eine Rolle. Zwar gab es auch früher schon Seitensprünge, doch wurden sie nicht als eine Art der Selbstentfaltung propagiert und gutgeheißen. Die Ehe zu Zeiten unserer Großeltern war mehr eine verstandesorientierte Zweckgemeinschaft, während heute eine Ehe aus Liebe (oder was man dafür hält) geschlossen wird. Sobald kleine Probleme auftreten, besinnt sich jeder auf sein Recht der Selbstverwirklichung – und dieser Weg endet nicht selten im Bett eines anderen. Im Zusammenhang mit der sexuellen Großzügigkeit gehört der Seitensprung schon fast zum guten Ton. Trotz dieser anscheinend modernen Einstellung zur Treue hat sich doch das Innere des Menschen nicht so grundlegend gewandelt, wie die Ergebnisse der bereits genannten Umfrage beweisen. Nach wie vor steht der Wunsch nach Geborgenheit, nach einem Partner, auf den Verlaß ist und der ehrlich ist, an erster Stelle.

Auch wir können keine allgemeinen Regeln für die Treue aufstellen. Klären Sie mit Ihrem (künftigen) Partner, wie Sie beide es mit der Treue halten wollen. Dies ist zwar keine Garantie dafür, daß keiner von Ihnen untreu wird. Aber zumindest teilen Sie so einander die Basiseinstellung zur Treue mit.

Die Gründe für die Untreue sind vielfältig: Die gewohnte Beziehung wird eintönig, Abwechslung muß her. Außerdem tut es dem Ego gut, begehrt zu werden, und der Seitensprung ist wie das Salz in der Suppe. Zu enge

Fesseln in einer Beziehung können dazu führen, daß die Freiheit erst durch einen Seitensprung bewiesen werden muß. Untreue aus Rache, als Notlösung, aus Lust — es gibt tausend Gründe für die Untreue.

Ein zweiter Partner bietet oft das, was der andere nicht zu geben vermag. Matthias, der erfolgreiche Manager, schätzt seine Frau Helen, mit der er über fünfundzwanzig Jahre verheiratet ist, als die Mutter seiner Kinder und als Gefährtin, die bescheiden und anspruchslos ist, die in ihm den ,,Boß" anerkennt und ihn bewundert. Die Herausforderung ist hingegen seine Geliebte Julia: geistig rege, aktiv und attraktiv. Sie hat ihre eigene Meinung, ist ein äußerst kritischer Mensch und eigenwillig. Julia, das ist für ihn ein aufregender Akzent in seinem Leben — aber für das tägliche Leben ist sie ihm zu anstrengend.

Treue beziehungsweise Untreue sollte sich aber nicht allein auf die körperliche Beziehung beschränken. Seelische Untreue kann manchmal sogar schmerzhafter sein als ein Seitensprung; Lieblosigkeit und Mißachtung des Partners tun genauso weh. Das Wort Treue kommt von ,,trauen". Ist das Ver-trauen zerstört, so wird die Basis einer Beziehung instabil — ähnlich einem Gebäude, bei dem die Fundamente bröckeln.

— Wie halten Sie es mit der Treue?

— Welchen Stellenwert hat sie für Ihre Beziehung?

— Warum sind Sie treu?

Jeder Mensch kommt immer wieder einmal in eine Situation, in der er sich neu entscheiden muß. Wie haben Sie sich in einer solchen ,,verführerischen'' Lage verhalten? Warum sind Sie treu geblieben (oder untreu geworden)? Die ehrliche Beantwortung dieser Fragen zeigt Ihnen viel über sich und Ihre Beziehung. Treue ist nicht immer nur bewußter Verzicht oder Ausdruck tiefer Liebe zum Partner. Auch Angst ist ein starker Treue-Faktor: Angst, sich selbst zu verlieren − Angst vor der Erkenntnis, daß die eigene Beziehung gefühlsmäßig am Ende ist, Angst vor möglichen Folgen etc. So ist auch Treue nicht gleich Treue.

Wer sensibel mit sich selbst umgeht, Schwingungen wahrnimmt, wer mit seinem Partner lebt, der wird rechtzeitig die kleinen Signale erkennen, die Unzufriedenheit, Unerfülltheit und Langeweile ankündigen. Und dann heißt es: Handeln, an sich arbeiten, herausfinden, was los ist und warum es kriselt. Und immer wieder die Ziele überprüfen! Sind sie noch erstrebenswert, oder werden sie nur noch aus Gewohnheit angestrebt? Bleiben Sie lebendig in Ihrem Denken und Fühlen − und Sie erhalten Ihre Beziehung lebendig. Es fällt leichter, dem anderen treu zu sein, wenn man sich selbst treu ist.

Verliebtheit — Liebe

Der Weg vom Verliebtsein zur Liebe ist keine Autobahn, sondern ein ziemlich steiniger Pfad, von dem man leicht abstürzen kann. Alle Verliebten leben erst einmal auf einer großen rosa Wolke zusammen mit der geliebten Person. Alle Sorgen und Probleme liegen so weit entfernt wie die Erde von den Sternen — und allerdings auch die Realität. Verliebte wollen ihre eigene kleine Wolke, aber auf die Dauer wird es dort zu eng. Drei Wolken sind nötig: Für jeden eine eigene Wolke sowie eine gemeinsame Wolke für beide.

Verliebtsein — das ist erst der Anfang. Wahre Liebe erfordert das Loslassen des Egoismus. Wenn Ihnen die bedingungslose Zuwendung zu Ihrem Partner so viel Befriedigung und Glück gibt, daß es für Sie keine Rolle mehr spielt, was Sie dafür bekommen, dann sind Sie auf dem Weg zur wahren Liebe. Wenn Sie in dieser Liebe glücklich werden möchten, sollten Sie zwei Dinge auflösen:

1. die *Angst*, nicht genug geliebt zu werden, und

2. das *Verlangen,* den anderen besitzen zu wollen.

Beides führt nur zum Verlust der Liebe, denn Liebe muß frei sein. Anerkennung, eine gemeinsame Aufgabe und höchste Ansprüche an sich selbst lassen die Liebe wachsen.

Verzeihen

Zur Liebe gehört auch immer das Verzeihen. Was wäre das Leben ohne Fehler? Keiner handelt immer richtig, jeder macht Fehler, und vieles ist gutgemeint, kommt aber beim anderen nicht richtig an. Praktisch stoßen wir jeden Tag auf Situationen, in denen unsere Fähigkeit, Nachsicht zu üben, Verständnis zu haben und zu verzeihen, auf die Probe gestellt wird.

Dabei geht es nicht allein darum, einem anderen Menschen zu verzeihen, sondern auch um die Erkenntnis, daß man selbst es bitter nötig hat, sich seine eigenen Fehler zu verzeihen. Es ist verlorene Zeit, wenn Sie sich mit Gedanken wie ,,Hätte ich doch anders reagiert; was wäre gewesen, wenn ich mich anders verhalten hätte'' beschäftigen. Es hat seinen Sinn, daß alles so geschehen ist. Heute haben Sie eine andere Sichtweise, heute haben Sie aus den Erfahrungen gelernt, und heute würden Sie in derselben Situation anders handeln. Aber bedenken Sie, daß ,,falsches'' Verhalten ja dazu notwendig ist, um zu lernen. Sie sollten deshalb alles, was nicht mehr zu ändern ist, loslassen. Das gelingt am besten, wenn Sie sich selbst verzeihen.

Viele Menschen machen ihr Leben zu einem Trauerspiel, weil sie ständig mit Schuldgefühlen oder Minderwertigkeitskomplexen zu kämpfen haben. Probieren Sie es einmal aus – sagen Sie sich jeden Morgen:

,,Ich verzeihe mir. Ich nehme mich an, so wie ich bin, und ich werde mich mit allen Kräften bemühen, heute mein Bestes zu geben. Ich verzeihe auch allen anderen Menschen, die mich ärgern oder verletzen. Ich bin mir bewußt, daß ich selbst entscheide, was mich innerlich trifft und berührt, und ich weise deshalb anderen keine Schuld zu. Ich verzeihe mir und allen anderen Menschen. Ich spüre, wie tiefe Ruhe und Sicherheit mich durchströmen.''

Lernen Sie, nachsichtig zu sein. Jeder Mensch ist geprägt von seinen Erfahrungen, hat seine eigenen Vorstellungen davon, wie alles zu sein hat. Nehmen Sie den anderen in seinem ganzen Sein an, legen Sie keine absoluten Maßstäbe an ihn an, sondern akzeptieren Sie ihn. Achten Sie auf die Gedanken, die Sie haben, während Sie Ihrem Gegenüber zuhören. Kommen da nicht immer gleich abwertende Urteile, Kritik, wenn er etwas sagt, was nicht Ihrer Meinung entspricht? Je weniger Sie an anderen Menschen auszusetzen haben, desto mehr werden Sie in Harmonie leben – und desto weniger Grund haben Sie, überhaupt zu verzeihen.

Gerade in einer engen Beziehung gibt es viel zu verzeihen – meist nicht, weil der Partner so fehlerhaft ist, sondern weil man selbst so viele Ansprüche an ihn hat. Arbeiten Sie daran.

Zärtlichkeit

Verbunden mit der Suche nach Liebe ist immer auch der Wunsch nach Zärtlichkeit. Erfährt man dann endlich die langersehnte Zärtlichkeit, tritt häufig ein eigenartiges Phänomen auf. Die Zärtlichkeit verursacht Angst. Anstatt zu genießen, wird man starr und verkrampft. Zärtlichkeit ist Nähe, Vertrauen, Intimität. Eine zärtliche Berührung, ein liebevoller Blick kann schon Unsicherheit, ja manchmal sogar Panik bei solchen Menschen auslösen; sie haben Angst, die Kontrolle über sich zu verlieren. Gerade in dem Moment, in dem sie ihre Gefühle zulassen, sich öffnen und schutzlos sind, keimt Unsicherheit auf und die Angst, zurückgewiesen zu werden. Meist haben Erfahrungen in der frühen Kindheit derartige Prägungen geschaffen. Wer sich der Zusammenhänge bewußt wird, kann lernen, solche Blockaden aufzulösen und Barrieren zu überwinden.

Das ist für eine erfüllte Beziehung notwendig. Sexualität und Zärtlichkeit gehören zusammen wie Sonne und Mond. Zärtlichkeit in der Sexualität wird in der westlichen Praxis oft als reine Technik benutzt − ganz im Gegensatz zur orientalischen Ausrichtung, wo die Sexualität als Kunst gewertet wird und die Zärtlichkeit ein unabdingbarer Bestandteil der körperlichen Liebeskunst ist.

Lernen Sie, zärtlich zu sein − zu sich und zu Ihrem Partner −, und das beginnt beim Körperbewußtsein. Ihr Leben wird eine enorme Bereicherung erfahren.

Kapitel V
Arbeitsteil

Nachdem wir uns mit verschiedenen Aspekten der Liebe befaßt haben, geht es an die praktische Arbeit. In den einzelnen Kapiteln haben Sie ja bereits die Fragebogen durchgearbeitet und wissen nun viel mehr über sich selbst. Erweitern Sie ruhig die Fragebogen, abgestimmt auf Ihre persönliche Situation. Am besten gehen Sie mit der Frage ,,Warum" vor, denn in den Antworten darauf liegt der tatsächliche Kern des Problems verborgen. Arbeiten Sie immer der Reihe nach:

1. *Probleme einkreisen* und identifizieren;

2. *Ursache herausfinden*;

3. *Ziele suchen*;

4. *Weg* zum Ziel *festlegen*;

5. *konstante Arbeit* und *Geduld*.

Wir zeigen Ihnen hier verschiedene Möglichkeiten der Arbeit an sich selbst. Jede Methode kann für sich allein angewandt werden; sie können aber ebenso miteinander kombiniert werden. Finden Sie für sich heraus, was Sie brauchen und was Ihnen am leichtesten fällt. Wenn Ihnen die Meditation am Anfang schwerfällt, dann beginnen Sie lieber mit Entspannungsübungen.

Grundsätzlich gilt für alle Übungen, daß Sie sich Zeit und Ruhe nehmen und daß Sie keine überhöhten Anforderungen an sich selbst stellen. Zwingen Sie sich nicht, an sich zu arbeiten. Eine Veränderung kann überhaupt nur gelingen, wenn Sie dies von tief innen heraus auch wollen. Und dann haben Sie Freude an der täglichen Übung, bemerken Fortschritte und Veränderungen an sich (und damit automatisch auch in Ihrem Umfeld).

Affirmationen

Dieses Wort kommt aus dem Lateinischen und bedeutet ,,festigen, vertiefen". Affirmationen sind positive Gedanken, die Sie bewußt denken, um Ihre Ziele zu erreichen und negative Gedanken aufzulösen. Durch die konsequente Anwendung von Affirmationen können Sie Ihre Vorstellungen und Wünsche in Ihrem Unterbewußtsein tiefer verankern. Damit ist es möglich, einen bestimmten erwünschten Zustand schneller herbeizuführen (siehe auch das Stichwort *Positives Denken*). Sie sollten in eine Affirmation möglichst nur ein oder zwei Wünsche aufnehmen, damit Sie das Unterbewußtsein nicht überstrapazieren.

Bevor es an Ihre persönliche Affirmation geht, ist noch einige Vorarbeit zu leisten: Nehmen Sie ein Blatt Papier und falten Sie es in der Mitte, so daß eine linke und eine rechte Hälfte entsteht. Auf die linke Seite schreiben Sie Ihre positiven Gedanken, Ihre Wünsche und Ziele. Auf der rechten Seite notieren Sie alle Gedanken, die Ihnen bei diesen Punkten durch den Kopf gehen: Alle Ängste, Befürchtungen, Nöte und Sorgen – alles, was Ihnen in den Sinn kommt.

Diesen Vorgang wiederholen Sie mindestens zehnmal, dabei werden sich Ihre Antworten auf der rechten Seite verändern. Es kommen Aggressionen hoch, versteckte und verdrängte Bedürfnisse werden klar und lassen neue Erkenntnisse entstehen. Sie gewinnen Klarheit über Ihre Gefühle und erfahren, was Sie belastet und was Sie bisher daran gehindert hat, Ihre Ziele zu erreichen.

Wenn Sie diese Übung gemacht haben, dann geht es an die Arbeit. Nehmen Sie sich fest vor, *jeden Tag mindestens eine halbe Stunde* für Ihre Affirmation zu reservieren. Am besten geht das, wenn Sie immer die *gleiche Tageszeit* wählen, zum Beispiel nach dem Aufstehen oder gleich nach der Arbeit.

Nun geht es an die Erstellung Ihrer Formel: Schreiben Sie Ihre Gedanken und Wünsche zehnmal auf ein Blatt Papier. Sprechen Sie während des Schreibens den Text mit, und beziehen Sie Ihren Namen in die Formel mit ein: ,,Ich, Peter Meier, nehme mich an und liebe mich." Dann wiederholen Sie diesen Satz wie folgt: ,,Du, Peter Meier, nimmst Dich an und liebst Dich." Danach: ,,Sie, Peter Meier, nehmen sich an und lieben sich." Damit haben Sie alle Ebenen angesprochen.

Sie arbeiten so lange mit Ihrer Affirmation, bis Sie merken, daß Sie sich wirklich *mit der Aussage Ihrer For-*

mel identifizieren können. Eine mögliche innere Ab-
wehrhaltung wird immer schwächer, und Sie spüren, daß
sich der Text mit Ihren Gefühlen deckt. Dies kann einige Zeit in Anspruch nehmen.

Sie können Ihre Affirmation auch auf ein Band auf-
nehmen und es so oft wie möglich hören, oder auf eine
Karte schreiben, die Sie bei sich tragen. Wann immer
Sie Zeit und Gelegenheit haben, schauen Sie auf die
Karte, um sich zu motivieren.

Wir zeigen Ihnen hier ein Beispiel für eine Affirmation zu Ihrer Liebesfähigkeit:

,,Ich bin ein lebensbejahender Mensch. Es ist mir bewußt, daß ich ein Kind Gottes bin, ausgestattet mit vielen Vorzügen und Talenten. Ich weiß um diese Fähigkeiten, mache sie mir jeden Tag aufs neue bewußt. Ich
bin glücklich darüber, daß in mir alle Möglichkeiten an-
gelegt sind, um mein Leben nach meinen Vorstellungen zu gestalten. Ich bin ein liebenswerter Mensch. Ich
liebe mich − meine Seele, meinen Geist und meinen
Körper. Ich spüre, wie ich von Liebe durchströmt
bin − dieses Gefühl ist wie ein Mantel, der mich warm
und geborgen hält. Ich fühle mich wohl in meinem Körper und liebe meinen Körper.

Ich liebe mich. Meine Liebe ist unendlich. Ich strahle
Liebe aus. Ich kann meine Liebe verschenken. Ich verschenke meine Liebe. Ich strahle Liebe und Harmonie
aus. Alles, was ich gebe, kehrt zu mir zurück. So wie
ein Schneeball, der immer größer wird beim Rollen, wird
meine Liebe immer größer und tiefer, je mehr ich sie
verschenke. Ich liebe die Welt − ich liebe das Leben.

In mir ist tiefer Frieden, und eine allumfassende Liebe verbreitet sich mehr und mehr. Ich ruhe in mir, fühle Liebe zu mir und allen Menschen, die mir begegnen. Ich bin froh und dankbar, daß ich in der Liebe Gottes leben darf. Ich sage *Ja* zum Leben und übernehme mit Freude meine Lebensaufgabe: In Liebe zu leben.''

Je häufiger Sie Ihre Affirmation anwenden, desto eher tritt der Erfolg ein. Sie können die Wirkung noch verstärken, wenn Sie, während Sie die Formel sprechen oder hören, Ihre Worte durch die geistige Vorstellung des erwünschten Zustandes untermalen. Suchen Sie einen Partner, dann sehen Sie vor Ihrem geistigen Auge beispielsweise, wie ein liebevoller Partner auf Sie zukommt, Sie in die Arme nimmt oder Sie beide gemeinsam etwas unternehmen. Damit helfen Sie Ihrem Unterbewußtsein. Es weiß genau, was Sie wollen, und es kann ganz ausgezeichnet in Bildern ,,denken''.

Natürlich brauchen Sie Geduld und den Glauben an einen Erfolg. Denken Sie daran, daß auch Rom nicht an einem Tag erbaut wurde. Und vergessen Sie nicht die Freude, die Sie bei Ihrer Arbeit an sich selbst haben sollten. Spannungen lösen sich dadurch auf, Sie erhalten neue Erkenntnisse über sich, und Sie tun sich etwas Gutes an, was wiederum positive Auswirkungen auf Ihr Umfeld hat.

Entspannungstechniken

Es gibt viele hervorragende Bücher, die sich mit den verschiedenen Entspannungstechniken befassen. Wenn Sie sich damit intensiver beschäftigen wollen, empfehlen wir Ihnen den Besuch einer guten Buchhandlung. Wir wollen Ihnen hier einen einfachen Weg der Entspannung zeigen.

Sie legen sich in einem ruhigen Raum hin, schalten alles ab, was Sie stören könnte — Telefon, Wohnungsklingel. Machen Sie es sich bequem, lockern Sie Krawatte, BH, Gürtel, ziehen Sie die Schuhe aus. Freuen Sie sich auf das, was jetzt folgt.

Legen Sie eine Hand auf Ihren Bauch, schließen Sie die Augen und lassen Sie Ihre Gedanken los. Jetzt sind nur Sie selbst wichtig — alles andere schieben Sie auf die Seite; es kann später erledigt werden. Sie werden ganz ruhig und gelassen. Nun versuchen Sie, bildhaft den Weg Ihres Atems durch Ihren Körper zu verfolgen:

Sie atmen tief ein, spüren, wie Ihre Bauchdecke sich nach oben wölbt. Dann atmen Sie aus — zählen Sie dabei bis acht. Nun atmen Sie wieder ein — tief und ruhig. Dies machen Sie so lange, bis Sie zu einem gleichmäßigen Rhythmus gefunden haben. So — nun sind Sie so weit, daß wir den Atem weiter verfolgen können.

Konzentrieren Sie sich nur auf Ihr Atmen. Atmen Sie ein, und spüren Sie, wie die Luft durch den Hals in den Brustkorb gelangt, wie sich die Rippen dehnen. Sie fühlen sich angenehm, weil Sie spüren, wie Sie leichter werden. Fühlen Sie, wie Ihr Atem in den Bauchraum gelangt (Sie haben es vorhin schon mit der Hand bemerkt), wie sich alle Organe weiten? Legen Sie jetzt beide Arme neben Ihren Körper. Versuchen Sie Ihrem Atem nachzuspüren, wie er in Ihre Arme gelangt — bis hin zu den Fingerspitzen. Wenn Sie dies nicht sogleich nachvollziehen können — das macht nichts. Geben Sie sich Zeit, versuchen Sie es noch einmal. Und dann machen wir dasselbe mit den Beinen. Ihr Atem geht bis in die Zehenspitzen. Spüren Sie es? Konzentrieren Sie sich auf Ihre Gedanken, konzentrieren Sie sich auf Ihren Atem.

In gleichmäßigen, ruhigen Zügen spüren Sie, wie mit dem Atem Energie in Ihren Körper gelangt. Mit jedem Einatmen werden Sie aufgetankt mit Kraft, mit Lebensenergie, mit Freude. Mit jedem Ausatmen schwindet die Spannung, Sie lassen sämtliche Belastungen, den Ärger des Tages, allen Kummer los. Spüren Sie, wie leicht Sie sich anfühlen, wie frei und durchlässig Ihr Körper, Ihr Geist und Ihre Seele sind? Genießen Sie es, solange Sie möchten. Dann beenden Sie diese Übung, indem Sie sich wieder auf die Bauchatmung konzentrieren. Atmen Sie in kräftigen Zügen durch, öffnen Sie die Augen und fühlen Sie noch einmal nach, was in Ihnen vorgegangen ist. Haben sich nicht alle Spannungen gelöst, sind Ihre Muskeln nicht locker und Ihr Geist be-freit?

Sie können diese Übung auch in Verbindung mit einer konzentrierten Muskelentspannung durchführen. Gehen Sie — wie bei der vorigen Übung — mit dem Atem durch Ihren Körper. Atmen Sie ruhig und gleichmäßig, ohne jede Anstrengung. Ihre Konzentration liegt jetzt aber bei den Muskeln. Lassen Sie bewußt einen Muskel nach dem anderen los. Das beginnt im Gesicht, schließt den Kopf mit ein und geht dann über den Nacken durch den ganzen Körper. Auch hier werden Sie auf Widerstände stoßen. Gehen Sie dann nicht gewaltsam vor, sondern versuchen Sie vorsichtig, diese muskulären Blockaden zu lösen. Wenn es nicht gleich gelingt, dann versuchen Sie es das nächste Mal wieder. Mit der Zeit wird Ihr Körper entspannt. Denken Sie bei hartnäckigen Blockaden an die Sprache Ihres Körpers. Was will Ihnen eine starke Verkrampfung der rechten Hand sagen? Finden Sie die Ursachen und arbeiten Sie daran. Körperliche Beschwerden sind deutliche Aussagen Ihrer Seele! (Siehe hierzu auch das Stichwort *Meditation*)

Körperübungen mit dem Partner

Wir beschreiben Ihnen hier einige Übungen, die Sie mit Ihrem Partner machen sollten, um Ihrer beider Sinne zu verfeinern.

Blickkontakt

Setzen Sie sich Ihrem Partner gegenüber, und schauen Sie sich etwa drei Minuten in die Augen. Sprechen Sie möglichst nicht miteinander. Wenn die Zeit abgelaufen ist, tauschen Sie Ihre Gefühle und Gedanken aus. Sagen Sie Ihrem Partner, was in Ihnen vorgegangen ist, wie er auf Sie gewirkt hat.

Dies mag Ihnen jetzt vielleicht lächerlich erscheinen. Aber Sie werden sich wundern, wie schwer Ihnen der tiefe Blick in die Augen Ihres Partners fällt. Sie sind verunsichert, vielleicht lachen Sie auch, um Ihre Verlegenheit zu überspielen. Doch von Mal zu Mal haben Sie weniger Schwierigkeiten, Ihre Sicherheit wächst – Sie entdecken Neues an Ihrem Partner. Deshalb ist das Gespräch nach dem Blickkontakt so wichtig.

Blick- und Körperkontakt

Sie sitzen sich gegenüber und ergreifen die Hände Ihres Partners. Halten Sie sie einfach in Ihren Händen, nicht zu fest und nicht zu locker, sondern ganz normal. Sie blicken sich nun gegenseitig ins Gesicht. Versuchen Sie ein Gefühl für den Augenblick zu entwickeln: Bin ich hier? Ist mein Partner hier? Bin ich *wirklich* hier? Ist er *wirklich*? Wenn Sie beide (geistig-seelisch) anwesend sind, dann nehmen Sie mit Ihrem Gegenüber Kontakt auf, teilen Sie ihm mit Ihren Augen, durch Ihre Blicke Ihre Gefühle mit. Dann machen Sie die Augen zu, spüren die Empfindungen und lassen die Gefühle zu, die bei dem Augen-Zwiegespräch ausgelöst wurden. Ist Ihre zärtliche Geste, Ihr liebender Blick auch so bei ihm angekommen? Und wie war es umgekehrt? Sprechen Sie wieder über Ihre Empfindungen.

Vielleicht lösen die zärtlichen Blicke Ihres Partners bei Ihnen Angstgefühle aus? Oder Sie sperren sich gegen die eigenen liebevollen Empfindungen. Das sind Ansatzpunkte für Eigenarbeit!

Massage

Einer der Partner legt sich auf den Boden und schließt die Augen. Der andere setzt sich daneben und wartet so lange, bis er selbst und der Partner ruhig und entspannt sind. Dann beginnt der Sitzende mit beiden Händen seinen Partner zu massieren. Er fängt an den Zehen an und arbeitet sich nach oben. Jeder Muskel soll durchgeknetet werden. Er wird fühlen, wo sein Partner nicht entspannt ist, und vorsichtig arbeitet er an diesen Muskeln. Nach der Massage bleiben beide eine Weile ganz ruhig, dann beginnt der Liegende über seine Empfindungen zu sprechen. Sie werden es genießen, zu massieren oder massiert zu werden. Sie lernen sich dadurch besser kennen, verfeinern Ihre Empfindungen für sich selbst wie auch für Ihren Partner.

Streicheln

Diese Übung sollten Sie leicht bekleidet oder nackt machen. Der passive Partner liegt auf dem Boden; der aktive sitzt daneben und ist besonders zärtlich zu seinem Partner; die Art und Weise der Zärtlichkeiten bestimmt

der aktive Partner. Nach fünf Minuten sprechen Sie darüber. Dann machen Sie die Übung noch einmal. Diesmal werden jedoch nur die Gesten gemacht, die dem
passiven Partner wirklich gut gefallen haben. Dann
wechseln Sie die Rollen. Machen Sie sich auch bewußt,
ob es für Sie einen Unterschied macht, ob sie aktiv oder
passiv zärtlich sind.

Atemrhythmus

Auch diese Übung machen Sie nur wenig bekleidet oder
ganz nackt. Sie legen sich umgekehrt nebeneinander auf
den Boden. Ihre Füße sind also jetzt etwa in Kopfhöhe
Ihres Partners. Nun legen Sie Ihre Hand auf den Bauch
nahe dem Sonnengeflecht (Solar plexus) Ihres Partners,
seine Hand liegt auf Ihrem Bauch. Sie fühlen den Atemrhythmus Ihres Partners. Vielleicht sind Sie jetzt ein wenig unruhig, bemerken aber auch, daß Ihr Partner ebenfalls nervös ist, weil sein Bauch leicht zittert. Sie können seinen Herzschlag fühlen, Sie spüren seine Erregung.
Bleiben Sie so mindestens fünf Minuten liegen, bis Sie
beide im gleichen Rhythmus atmen. Sie werden an diesem Punkt bemerken, daß Ihre Atemzüge sich aneinander angepaßt haben, fast gleichzeitig atmen Sie ein
und aus. Lassen Sie es geschehen, liegen Sie ruhig da,
und achten Sie auf den Atemrhythmus des anderen.

Reise durch den Körper

Machen Sie diese Übung in einem Raum, der warm ist. Ihr Partner sollte bequem und weich liegen, etwa auf einem Bett. Sie sitzen links neben Ihrem Partner in Bauchhöhe. Legen Sie beide Hände mit den Handflächen nach unten auf den Bauch Ihres Partners, und fangen Sie an, sehr leicht und sehr langsam mit Ihren Händen Kreise zu ziehen. Kreisen Sie mit Ihren Händen einige Zeit auf dem Bauch Ihres Partners. Nun vergrößern Sie langsam die Kreise, legen eine Hand auf die Innenseite seines Beins und die andere auf seine Brust. Ihre rechte Hand, die über die Brust fährt, zeichnet eine Linie vom Bauch ausgehend über die Rippen, die linke Brustwarze, den linken Brustmuskelbogen und in die Achselhöhle hinein. Gleichzeitig kommt Ihre linke Hand vom Bauch her über die Hüfte, hinunter zur Innenseite des Schenkels, zur inneren Wade, über den Knöchel und hält auf dem Rist des linken Fußes Ihres Partners an.

Der Erfolg dieser Übung hängt sehr von der richtigen zeitlichen Abstimmung ab: Ihre Hände sollten Schenkel und Rippen zur gleichen Zeit kreuzen, und sie sollten auch die Achselhöhle und den Rist zur gleichen Zeit erreichen. Nun führen Sie langsam in jeder der beiden Wölbungen leichte Kreise mit beiden Händen gleichzeitig aus; bleiben Sie eine Weile bei dieser leichten Bewegung.

Nun treten Sie die Rückreise an. Nehmen Sie den Weg zum Bauch wieder auf und bewegen Sie die Hände immer noch langsam und federleicht. Kreuzen Sie Schenkel und Seite gleichzeitig. Lassen Sie zum Schluß Ihre Hände noch ein paarmal auf dem Bauch kreisen. Wiederholen Sie die Massage auf der rechten Körperhälfte Ihres Partners.

Literaturhinweise zu diesen Übungen:

Chang, Jolan: Das Tao der Liebe, Rowohlt, Reinbek

Kent-Rush, Anne: Getting Clear, ein Therapie-Handbuch für Frauen, Verlag Frauenoffensive

Thomasky, Ingrid: Lernziel Zärtlichkeit, Beltz Verlag, Weinheim

Painter, Jack: Befreiung durch Körpertherapie, mvg-verlag, München

Meditation

Das Wort Meditation kommt von dem lateinischen Wort „meditari" und bedeutet „nachsinnen", ist also ein Weg von außen nach innen, die Besinnung die nach innen gerichtete Betrachtungsform. Professor Dr. Graf Dürckheim nennt die Meditation „Sitzen in Stille".

Meditation ist eine ganzheitliche Erfahrung, die Körper, Geist und Seele einschließt. Sie führt in die Stille, in die Ruhe des glücklichen Zufriedenseins mit sich und der Welt. Die Meditation ist auch keine Flucht vor der Realität in eine Phantasiewelt, sondern sie ist ein Weg zur Meisterung unserer Aufgaben. Glauben Sie nur nicht, daß die Meditation nur etwas für Gurus aus exotischen Ländern ist. Jeder von uns kann die Meditation erlernen.

Es gibt viele Gründe, die für die Meditation sprechen: Es tut Körper und Seele gut, sich nach einem anstrengenden Tag zu entspannen. Während dieser Entspannung löst sich der Geist langsam vom Alltagsgeschehen. Der Meditierende kann durch diese Loslösung von seinen Problemen und Emotionen eine neue geistige Grundhaltung erwerben, bei der er sich weniger mit seinen Gefühlen und Trieben identifiziert. Seine Gefühle verändern sich dadurch nicht; der Unterschied liegt vielmehr darin, daß die Triebe keine Macht mehr über den Menschen besitzen – er kommt zu geistiger Unabhängigkeit.

Eine Bewußtseinsveränderung wird eingeleitet, weil der Meditierende sich von den materiellen Wünschen und Werten löst, er erkennt immer klarer in den geistigen Werten seinen Lebenssinn. Der Meditierende ist Herr über sein Denken und Tun, läßt sich weniger zu gefühlsmäßig überschwenglichen Reaktionen hinreißen, wird souveräner und gelassener. Schrittweise entwickelt er sich zu einer klaren, geradlinigen und ausgeglichenen Persönlichkeit, die in Harmonie mit sich und der Welt lebt.

Der Sinn der Meditation liegt nicht darin, einen Teilaspekt der Wirklichkeit kennenzulernen, sondern die

Wirklichkeit selbst als solche zu erfahren. Dies ist möglich, wenn man sein eigenes Wesen zurücknimmt und weder auf Gefühle noch auf Gedanken achtet. Dann wird der Klang der Schöpfung zu hören sein, und Sie werden die allumfassenden Gesetze, nach denen Leben geschieht, erfahren.

Es gibt verschiedene Meditationsrichtungen und -techniken. Wir wollen Ihnen zum Einsteigen eine leichte Technik zeigen. Erwarten Sie von der Meditation keinen direkten Erfolg, betrachten Sie den Weg als Ziel. Eines werden Sie auf jeden Fall erreichen: Eine wunderbare Entspannung von Geist, Körper und Seele. Und alles andere lassen Sie einfach auch geschehen. *Voraussetzungen für die Meditation sind:*

Die richtige Zeit

Wählen Sie einen Zeitpunkt, an dem Sie nicht zu müde sind, sonst schlafen Sie leicht ein. Sie sollten die Meditation jeden Tag zur gleichen Zeit machen — so können Sie sich immer schneller und leichter entspannen und konzentrieren.

Der richtige Ort

Es sollte ein ruhiger Ort sein, an dem Sie sich wohlfühlen, der abgeschirmt von Umweltgeräuschen ist und wo Sie von niemandem gestört werden.

Kleidung und Körperhaltung

Ziehen Sie sich bequem an, lösen Sie alles, was Sie einengt. Nehmen Sie eine gerade Haltung in der Entspannung ein. Sie können auch im Liegen meditieren. Aber
auch hier sollte die Wirbelsäule gerade sein. Sie können die Augen schließen oder geöffnet halten − wie Sie
sich besser konzentrieren können.

Und noch etwas: Ein voller Magen meditiert nicht
gern!

Entspannung

Sie ist ein sehr wichtiger Teil einer jeden Meditation.
Wenn Sie schon die Entspannung beherrschen, ist das
sehr vorteilhaft (siehe auch das Stichwort *Entspannungstechniken*).

Wenn Sie noch Spannung in Ihrem Körper fühlen,
dann spannen Sie jeden Körperteil einzeln für etwa fünf
Sekunden kräftig an. Lassen sie die Spannung plötzlich
los. Gehen Sie ganz in das angenehme Gefühl hinein,
das jetzt entsteht. Auf diese Weise entspannen Sie ihren gesamten Körper, Muskel für Muskel − finden Sie
dabei eine Körperstellung, in der Sie während der Meditation unbeweglich bleiben können. Die Unbeweglich-
keit ist in der Meditation wichtig; allerdings sollten Sie
sich nicht verkrampfen. Die Entspannung hat Vorrang.

Atem

Atmen Sie ruhig und tief. Lassen Sie die Luft ganz in Ihre Lungen strömen — bis in den Bauch. Vermeiden Sie jede Anstrengung. Ihr Atem sollte ruhig sein, die Luft soll ganz von selbst ein- und ausgeatmet werden. Beobachten Sie Ihren Atem eine Weile ganz bewußt. Dies ist für die Meditation sehr förderlich.

Gedankenstille

Wir müssen bei der Meditation unser ganzes Wesen zurücknehmen. Deshalb sorgen wir dafür, daß uns keine störenden Gedanken belästigen. Lassen Sie alle Gedanken bewußt los. Bleiben Sie an keinem Gedanken haften, sondern lassen Sie alle Vorstellungen ruhig hinwegziehen. Anfangs werden Sie es nicht verhindern können, daß Gedanken kommen. Sie können lernen, sich nicht mehr mit diesen Gedanken zu identifizieren — betrachten Sie die Gedanken aus der Sicht eines unbeteiligten Dritten. Wichtige Gedanken denken Sie zu Ende und lassen sie dann völlig los. Unwichtige Vorstellungen beachten Sie erst gar nicht. Das Erreichen der Gedankenstille erfordert Zeit und Übung. Die Gedanken werden, wenn Sie sie nicht beachten, weniger und weniger, bis sie sich ganz auflösen und völlige Gedankenleere eintritt.

Mantra

Zur Erreichung der Gedankenstille ist das Rezitieren eines Mantras hilfreich. Ein Mantra ist ein Wort, das keinen offensichtlichen Sinngehalt besitzt, und das während der gesamten Meditation in Gedanken oder auch leise vor sich hingesprochen wird. Ziehen Sie dieses Wort allen aufkeimenden Gedanken vor. Sie spüren dann, wie das Mantra seine Wirkung entfaltet. Denken Sie das Mantra im Rhythmus des Atems, lassen Sie Atem und Mantra wie von selbst geschehen. Sie sind nur stiller Beobachter. Alles, was Sie tun sollten, ist zuschauen und geschehen lassen. Mit der Zeit verfeinern sich Ihr Atem und die Schwingung des Mantras. Das Bewußtsein und die Wahrnehmung werden feiner – so fein, daß sie gar nicht mehr vorhanden sind. Unser Bewußtsein existiert dann ohne Bewußtseinsinhalt. Mantra, Atem und Bewußtsein schwingen in vollkommener Stille und Harmonie.

Die Meditationsvorstufe

Wenn völlige Stille in Ihrem Geist herrscht, beginnt erst die eigentliche Meditation. Das Gefühl der Stille, der Ruhe, des reinen Seins oder der göttlichen Verbundenheit erfährt jeder für sich selbst in seiner ganz persönlichen Weise. Dieser Zustand ist nicht zu beschreiben, weil nichts Gegenständliches passiert.

Es reicht, wenn Sie sich geistig voller Vertrauen öffnen und sich ganz der Stille hingeben. Öffnen Sie auch ihr geistiges Ohr – die Stille hat einen Klang. Hören Sie diesen Klang, lassen Sie ihn tief in sich hineinströmen. Wenn Sie anfangs nichts hören, seien Sie nicht enttäuscht – auch Sie werden den Klang hören können, wenn Sie in völliger Gedankenstille ruhen.

Die eigentliche Meditation

Nachdem Sie alle Voraussetzungen (Zeit, Raum, Entspannung) geschaffen haben, können Sie nun wählen, auf was Sie sich konzentrieren (Sie können Ihren Konzentrationspunkt durchaus auch wechseln):

– auf einen Punkt,

– auf Ihren Atem,

– auf Ihren Körper,

– auf ein Mantra oder

– auf Ihr wahres Selbst.

,,Ich bin ganz entspannt und ruhig. Ich schaue auf einen Punkt. Ich konzentriere alle meine Gedanken auf einen Punkt. Alles andere versinkt und entfernt sich immer weiter – ich sehe nur noch diesen Punkt. Nun schließe ich die Augen und bin ganz bewußt in meinem Körper, ich bin hier und ich werde eins mit dem Stuhl, auf dem ich sitze. Ich spüre, wie der Stuhl mich trägt. Ich sitze gerade und entspannt und nehme meinen Körper bewußt wahr. Ich bin ganz gelöst und entspannt und fühle mich wohl.

Nun richte ich mein Bewußtsein auf meinen Atem. Ich beobachte meinen Atem nur, ich nehme wahr, wie Brust und Bauch sich bewegen – wie sanfte Wellen, die am Ufer auslaufen.

Während ich so meinen Atem beobachte, lasse ich ihn behutsam tiefer werden. Ganz behutsam lasse ich meinen Atem immer tiefer werden. Mein Atem wird immer tiefer und fließt gleichmäßig. Ich atme ruhig und gleichmäßig. Ein angenehmes Gefühl der Geborgenheit hüllt mich ein. Ich lasse geschehen. Nicht ich atme, sondern es atmet mich! Nun bestimme ich auch die Qualität meines Atems. Ich atme ganz bewußt Ruhe, Gelassenheit, Gesundheit oder Licht. Der Wunsch genügt, und die geistige Qualität meines Atems ändert sich.

Ich lenke jetzt meinen Atem in jeden einzelnen Teil meines Körpers – bis der ganze Körper bewußt erlebt wird. Ich erlebe bewußt meinen Körper. Mit jedem Atemzug lasse ich mich tiefer und tiefer sinken in ein wunderbares Gefühl der Ruhe und Entspannung. Ich bin ganz still und friedvoll, lasse mich vertrauensvoll hineinsinken in die allumfassende Ordnung und Harmonie der Schöpfung. Tiefer Friede ist in mir und erfüllt mich.

Ich lasse nun auch bewußt alle Gedanken los. Ich lasse alle aufkommenden Gedanken einfach weiterziehen, ohne sie anzuhalten oder aufzugreifen. Einem wichtigen Gedanken sage ich: „Komm nach der Meditation wieder, dann werde ich mich mit Dir befassen." Damit lasse ich ihn gehen und bin frei. Die aufkommenden Gedanken werden immer seltener, bis ich in völliger Gedankenstille ruhe. Ich bin ganz still und ruhe in der Mitte meines wahren Wesens. Ich fühle mich wohl – ich fühle mich unsagbar wohl!

Nun lenke ich mein Bewußtsein in meinen Körper, nehme bewußt die einzelnen Körperteile und Organe wahr: Ich beginne bei den Füßen und empfinde, wie sie sich anfühlen. Ich richte meine ganze Aufmerksamkeit auf meine Füße und achte auf alle meine Empfindungen. Dann lasse ich meine Füße bewußt los und gehe weiter zu den Beinen. Auch dort verweile ich, bis ich meine Beine bewußt wahrnehme. Mein Bewußtsein konzentriert sich in meinen Beinen. Ich lasse alle Empfindungen bewußt zu und nehme sie wahr. Dann lasse ich meine Beine wieder los und gehe mit meinem Bewußtsein weiter durch meinen Körper. Bei jedem Körperteil oder Organ verweile ich so lange, bis ich es bewußt wahrnehme.

Finde ich irgendwo einen Schmerz, eine Spannung, eine Blockade, so verstärke ich dieses Gefühl bewußt einen Augenblick, um es noch deutlicher zu empfinden. Ich versetze mich ganz hinein in den Schmerz oder die Störung, bis ich verstehe, was mein Körper mir damit sagen will. Ich lausche in meinen Körper, bis ich seine Botschaft verstehe und weiß, was zu tun ist. Sobald ich die Botschaft erkenne, unternehme ich sofort etwas, um die Störung zu beseitigen und eine Heilung einzuleiten oder zu beschleunigen. Ich stelle mir lebhaft vor, wie ich meinen Organen helfen kann, wie ich sie in Ordnung bringe. Ich reinige sie und massiere sie. Ich bestreiche sie mit heilenden und lindernden Substanzen und Salben. Notfalls schneide ich weg, was stört, und „sehe", wie die Situation sich verändert hat, und ich „höre", ob das Organ nun zufrieden ist. Zum Schluß mache ich in allen Organen Licht. Ich bestrahle und durchflute jeden Teil meines Körpers mit einem warmen, hellen Licht so lange, bis alles mit Licht überflutet ist. Dann läute ich mit einer Glocke. Der silberhelle Ton der Glocke bringt das Organ in eine harmonische Schwingung, macht es ganz locker und weich, so daß es sich wohl fühlt.

Dann verabschiede ich mich von jedem Organ und versichere, daß ich es von nun an täglich besuchen und ihm helfen werde. Ich besuche und helfe ganz bewußt jedem einzelnen Organ und jedem Körperteil."

Sie verbleiben so lange, wie Sie es wollen, in dem entspannten Zustand, in dem Sie sich befinden. Langsam kehren Sie wieder in das Hier und Jetzt zurück.

Wenn Sie täglich meditieren — was Sie unbedingt tun sollten —, verändern Sie Ihre Lebenseinstellung, Sie können Wichtiges von Unwichtigem scheiden, Ihr Geist und Ihre Seele werden frei. In diesem Bewußtseinszustand werden Sie nicht nur Liebe geben können, sondern Sie werden zum Ausdruck der Liebe.

Mental-Training

Mentales oder geistiges Training — wie das Wort schon sagt — bezieht sich auf Übungen, die Sie mit Ihrem Geist machen. Mental-Training ist eine Verbindung von Positivem Denken, Affirmation und Visualisierung (intensiver bildhafter Vorstellung). Wenn Sie mit dem Mental-Training arbeiten wollen, dann sollten Sie für dieselben Voraussetzungen sorgen wie bei der Entspannung (richtiger Ort, regelmäßige Zeiten, bequeme Haltung). Wir zeigen Ihnen hier die Schritte zum Mental-Training:

— Werden Sie gedanken-leer.

— Achten Sie auf Ihren Atem.

— Befassen Sie sich nur mit einem Wunsch.

— Identifizieren Sie sich mit Ihrem Wunsch.

— Stellen Sie sich den erfüllten Wunsch geistig vor.

— Entspannen Sie sich so tief Sie können.

— Wenn Sie in der Tiefenentspannung sind, rufen Sie nun Ihren Wunsch in Wort und Bild vor Ihr geistiges Auge.

— Beleben Sie dieses Bild mit kosmischer Energie.

— Identifizieren Sie sich wieder mit Ihrem Bild.

- Genießen Sie auf allen Gefühlsebenen Ihre Wunschsituation.

- Verabschieden Sie sich geistig von Ihrem Bild.

- Gehen Sie über eine ruhige Tiefenatmung langsam wieder in Ihr Tagesbewußtsein zurück.

- Tun Sie auch praktisch alles, um Ihr Ziel zu erreichen.

- Glauben Sie an Ihren Erfolg, und haben Sie Geduld.

Positives Denken

Im Unterbewußtsein werden sowohl alle Erfahrungen wie auch Gefühle, Gedanken und Bilder gespeichert. Alles, was Sie erlebt haben, ist sozusagen in Ihrem Unterbewußtsein abgelegt wie in einem ordentlichen Büro. Eine der wichtigsten Aufgaben des Unterbewußtseins ist es, alles zu tun, um Ihre Gedanken zu materialisieren. Nicht umsonst geschieht so oft genau das, was wir uns vorgestellt haben. Denken Sie nur an ganz simple Beispiele: Sie glauben, daß Sie heute den Zug um 17.03 Uhr nicht mehr erreichen. Und was passiert? Sie erreichen Ihren Zug auch nicht. Durch Ihre Befürchtung haben Sie Ihrem Unterbewußtsein mitgeteilt, daß Sie den Zug nicht erreichen. Ihr Unterbewußtsein wird von diesem Moment an aktiv und sorgt dafür, daß Ihr Gedanke Realität wird. Ihr Unterbewußtsein besitzt nämlich keine Unterscheidungsfähigkeit; es weiß nicht,

JA, ich möchte Ihr Seminarangebot
und Ihre Dienstleistungen unverbind-
lich und kostenlos kennenlernen:

Name _____

Vorname _____

Adresse _____

PLZ/Ort _____

Telefon _____

Datum _____

Unterschrift _____

Für telefonische Anfragen und Pro-
grammanforderungen wählen Sie
Telefon:

von der Schweiz 075/233 12 12

von Deutschland 0041/75/233 12 12

AKADEMIE FÜR KREATIVE
PERSÖNLICHKEITSENTFALTUNG

Heiligkreuz 42
FL-9490 Vaduz

was gut oder schlecht für Sie ist. Für das Unterbewußtsein ist sozusagen Ihr Gedanke auch Befehl. Der logische Schluß daraus ist: Je positiver Sie denken, desto mehr positive Situationen werden sich in Ihrem Leben ergeben.

Machen Sie einmal folgende Übung, und Sie werden überzeugt sein von der Macht Ihrer Gedanken:

Legen Sie ein etwa 30 cm breites Brett auf den Boden. Dann balancieren Sie über dieses Brett. Es bereitet Ihnen keine Schwierigkeiten, denn Sie können ganz leicht und einfach über das Brett gehen. Sie können es deshalb so einfach, weil damit kein Risiko verbunden ist. Wenn Sie dieses Brett jetzt aber über einen tiefen Graben legen würden und nun versuchten, darüber zu gehen, so würden Sie bemerken, daß Sie Schwierigkeiten, ja sogar Angst hätten. Dieses Problem haben Sie aber nur, weil Ihre Gedanken Ihnen das Risiko vermitteln – daß Sie über das Brett gehen können, haben Sie sich nämlich schon bewiesen. Nicht das Brett hat sich geändert, sondern Ihre Gedanken. Wenn Sie allerdings davon überzeugt wären, daß Sie ohne weiteres zu jeder Zeit und in jeder Situation über das Brett gehen könnten, egal, wo es liegt, dann könnten Sie es auch. Trotzdem empfehlen wir Ihnen dies nicht zur Nachahmung.

Mit diesem Beispiel wollen wir uns von Ihnen verabschieden. Sie können alles, wenn Sie es wollen – Sie können lernen zu lieben, Sie können sich weiterentwickeln, und Sie können Ihr Leben erfüllt und glücklich gestalten. Wir wünschen Ihnen dabei viel Freude, Liebe und alles Gute.